SOMMAIRE

UE 1.1 Sociologie, anthropologie

UE 1.3 Législation, éthique, déontologie

UE 2.1 Biologie fondamentale

UE 2.2 Cycles de la vie et grandes fonctions

SOMMAIRE

Tout le semestre 1 en QCM

Sous la direction de Kamel Abbadi

Les auteurs

Priscilla Benchimol
Jacques Birouste
Patrice Bourgeois
Sandrine Faure
André Le Texier
Marion Lenoir
Johann Millet
Jean Oglobine
Richard Planells
Yann Riou

INTRO

1 Introduction à l'UE 1.1

Cette unité d'enseignement fait partie du domaine du champ 1 : sciences humaines sociales et droit. Elle contribue à l'acquisition de la compétence 6 : *communiquer et conduire une relation dans un contexte de soin*. Elle se focalise au semestre 1 sur l'acquisition de notions en psychologie : psychologie analytique, cognitive, sociale et psychologie de la santé.
Marqués par notre culture, nos comportements, nos manières de penser, nous possédons tous notre propre façon de percevoir, de considérer et de vivre ces temps de l'existence que sont la naissance, l'adolescence, l'accession à l'âge adulte, le vieillissement, la maladie et la mort. Soigner demande à la fois du savoir, du savoir-faire et du savoir-être. « Prendre soin » de l'autre implique un travail de décentration, qui requiert de faire l'effort de sortir de son propre cadre de référence et tenter de saisir celui d'autrui. Tout au long de cette unité d'enseignement, l'étudiant va devoir théoriser les concepts étudiés afin de donner du sens à son action, à sa pratique dans sa mise en relation avec autrui. En lien avec les unités d'enseignements 4.2 (semestres 2 à 6), le « prendre soin » finira par prendre tout son sens et amènera l'étudiant, au travers de savoirs académiques et de ses expériences en stages, à construire sa posture soignante afin de devenir un professionnel ayant des compétences en relations humaines.

➤Quelques conseils d'apprentissage

Cette UE demande d'avoir quelques notions de philosophie et surtout un esprit ouvert sur le monde. En effet, il faut accepter le fait qu'à une réalité donnée, il puisse exister différentes vérités. Les contenus sont denses et demandent à la fois de la compréhension et de la mémorisation, c'est pourquoi : comprendre les notions est l'étape essentielle : rechercher les données non comprises pour se les approprier ; avoir une régularité dans l'apprentissage en est la clé : relire les cours le soir et deux fois le week-end. La relecture répétitive prépare la mémorisation définitive.

➤Quelques conseils pour le partiel

Lire attentivement les questions, chaque mot a son importance. Répondre une fois que tout est lu, il y a parfois des réponses dans les questions suivantes. Pour les QROC, être concis, aller à l'essentiel et répondre uniquement à la question posée.

THÈME 2 Naissance de la psychologie personnelle

UE 1.1

QCM 02.01

1 Un fœtus humain de 7 mois réagit à des stimuli par :

A ☐ des modifications de son rythme cardiaque
B ☐ des réactions cérébrales
C ☐ un traitement des informations sensorielles
D ☐ une pensée symbolique
E ☐ le dialogue

2 Entre son environnement et un fœtus :

A ☐ il y a absence de relation
B ☐ il n'y a pas de possibilité d'interaction
C ☐ du sens circule impliquant les uns et les autres
D ☐ la parentèle greffe son imaginaire
E ☐ les discours tenus par autrui façonnent déjà une histoire de vie

3 Pendant une grossesse, en parlant de l'enfant à venir :

A ☐ la mère transmet au fœtus l'impact de ses propres émotions
B ☐ le père produit chez la mère qui l'entend des émotions impactant le fœtus
C ☐ l'environnement bavard n'a aucun impact sur le fœtus
D ☐ chacun contribue à tisser un réseau symbolique où sera plongé le nouveau né

4 Un enfant désiré :

A ☐ est assuré d'avoir une existence heureuse
B ☐ reçoit des parents quelques repères symboliques qu'il possède une place dans l'existence
C ☐ ne pourra plus se débarrasser du carcan des attentes parentales
D ☐ est aidé par ses parents pour se construire plus tard sa propre personnalité
E ☐ deviendra nécessairement un enfant suffisant et tyrannique

5 Un enfant non désiré :

A ☐ est assuré d'avoir une existence malheureuse
B ☐ manque de quelques repères initiaux pour se trouver une place dans l'existence
C ☐ trouvera des repères autres que le désir parental pour bâtir sa place dans l'existence
D ☐ manque définitivement de modèles d'identification pour ressembler aux adultes
E ☐ deviendra nécessairement un enfant instable et caractériel

6 La communication directe entre les organismes en symbiose transmet au fœtus les messages :

A ☐ recommandés par les éducateurs
B ☐ produits par les affects chez la parturiente
C ☐ correspondant à la vie émotionnelle de la parturiente
D ☐ incités par les fantasmes maternels
E ☐ prescrits par les pédagogues

7 La sensibilité affective de la parturiente concernant son bébé à venir réagit :

A ☐ aux messages socio-éducatifs de sa culture ambiante
B ☐ aux souvenirs conscients et inconscients de sa propre enfance
C ☐ aux prescriptions d'hygiène et de soins reçues des professionnels de santé
D ☐ aux images, aux signes et aux idées circulant sur l'enfance
E ☐ à ses rêveries personnelles

8 La science dénommée « psychologie génétique » porte sur :

A ☐ la psychologie des chromosomes
B ☐ la connaissance du développement psychologique de l'enfance
C ☐ l'étude de la succession des changements intellectuels et comportementaux chez l'enfant
D ☐ les arbres généalogiques des familles
E ☐ la chronologie des stades d'évolution chez l'enfant

Naissance de la psychologie personnelle

9 L'ontogénèse est :

A ☐ la construction progressive de chaque sujet
B ☐ la construction progressive des gènes
C ☐ la science des hommes et de leurs sociétés
D ☐ l'étude des lignées héréditaires
E ☐ l'étude des peuples, des cultures et des civilisations

10 Freud a découvert chez le nourrisson comment :

A ☐ le rythme respiratoire facilite la digestion
B ☐ la tétée physiologique sert d'étayage à la prise d'un plaisir oral
C ☐ satisfaction alimentaire + rythme de tétée + portance sécuritaire = bien-être libidinal
D ☐ la tétée n'apporte rien d'autre que l'ingestion de nourriture
E ☐ le psychisme se développe à partir du plaisir oral

11 Le pédiatre Thomas Berry Brazelton a montré comment chaque nourrisson :

A ☐ interagit très tôt avec son environnement de manière singulière
B ☐ se blottit contre sa mère pareillement que le font tous les autres
C ☐ sélectionne originalement certains signaux et en ignore d'autres
D ☐ a une vitesse de réaction différente que celle d'autres bébés
E ☐ porte sa main à sa bouche identiquement à tous les autres bébés

12 Chez l'enfant grandi, le fantasme de retour à l'état de nourrisson en symbiose indique :

A ☐ un bon souvenir archaïque à refouler dans l'inconscient
B ☐ que perdure de la frustration d'avoir perdu ce paradis
C ☐ une solution psychologique pour aller de l'avant
D ☐ un épisode de régression anxieuse devant des difficultés d'existence
E ☐ une tentation où se réfugier pour ne pas traiter un problème d'existence

13 **Un moment de dépression *post-partum* correspond psychologiquement chez l'accouchée :**

A ☐ à un temps de travail psychique où se désinvestit son corps du plaisir à être enceinte

B ☐ à un temps nécessaire pour découvrir le plaisir d'investir le corps du nouveau né

C ☐ à une durée pour que s'interconnectent et s'inter-structurent les psychismes mère-bébé

D ☐ à la durée pour qu'une part d'énergie narcissique soit transformée en plaisir à donner

14 **Selon la psychanalyse, l'activité psychique :**

A ☐ est l'objet de l'instinct de survie

B ☐ procure du plaisir à patienter malgré le manque pénible

C ☐ sert à trouver des solutions agréables compensant un réel douloureux

D ☐ combine des signes pour amoindrir l'impact de manques désagréables

E ☐ base l'intelligence, qui combine des signes pour trouver des solutions à des manques

15 **La psychanalyste Mélanie Klein a montré que :**

A ☐ durant ses six premiers mois le bébé est insatiable d'un sein toujours là et généreux

B ☐ les illusions psychiques du bon sein finissent par décevoir et deviennent nocives

C ☐ l'ambiguïté du psychisme crée l'angoisse dépressive des six mois

D ☐ la mère est toujours perçue par le bébé comme mère bonne

Naissance de la psychologie personnelle

16 Dénouement de la crise dépressive à huit mois :

A ☐ les alternances (là/parti ; plaisir/déplaisir ; bon/mauvais) installent la durée et la relativité

B ☐ se construit la permanence des objets (images, mots) malgré leur disparition perçue

C ☐ s'établit la distinction faire semblant (paroles, signes)/faire réellement (choses)

D ☐ l'imaginaire (psychisme) permet de jouer avec les formes, de les remplacer et chasser

E ☐ la passivité régressive vers l'attente éternelle du bon sein halluciné fait sortie de crise

17 Le premier langage bébé est appris par :

A ☐ construction sémantique réfléchie

B ☐ pensée préalable de l'intention de signifier

C ☐ imitation de mélodies adultes exprimant leurs affects et émois

D ☐ imitation de tons de voix adultes exprimant leurs intentions et impératifs

E ☐ répétition et variation ludiques de phonèmes et phrasés

18 L'« objet transitionnel », conceptualisé par le psychanalyste D.R. Winnicott :

A ☐ sert transitoirement au bébé de vocabulaire approximatif auprès des plus grands

B ☐ peut prendre la forme de linge suçoté, nin-nin trimbalé ou doudou emporté

C ☐ établit un lien rassurant entre le désir de fusion maternelle et l'aventure de l'autonomie

D ☐ filtre et adoucit inconsciemment les contraintes du monde nouveau à affronter

E ☐ sert de transition sociale entre les sexes masculin et féminin

19 **Pour le psychologue « constructiviste » Jean Piaget :**

A ☐ la croissance cognitive des enfants se fait par stades successifs identiques chez tous

B ☐ l'intelligence croit en complexité sur le même mode pour aboutir à la maîtrise de la logique

C ☐ apprendre à penser vise à construire des solutions aux problèmes d'adaptation

D ☐ l'acquisition de la pensée n'obéit à aucune forme repérable

20 **Pour le psychologue « généticien » Henri Wallon :**

A ☐ la crise de 9 mois exprime la peur de l'autre différent de soi

B ☐ la crise de 9 mois est jalousie envers ceux qui apparaissent avoir ce que l'enfant n'a pas

C ☐ l'autre, distingué en tant qu'étranger, aide à la prise de conscience de soi

D ☐ l'influence de la société sur le développement affectif et intellectuel est négligeable

21 **Le « reflet spéculaire » :**

A ☐ est reconnu comme sien par l'enfant vers la fin de sa troisième année

B ☐ apporte une image formelle servant de matrice à la constante du Soi

C ☐ cristallise la convergence du *handling* et du *holding* sécurisants

D ☐ assigne définitivement au Soi la représentation d'un corps propre unifié

E ☐ ne concerne pas l'estime de Soi

22 **Le goût prononcé pour le jeu vers 18 mois :**

A ☐ jouit des oppositions, de l'appariement, du classement, des permutations

B ☐ apprend la plasticité des signes

C ☐ apprend la réversibilité des formes

D ☐ nuit au sérieux des apprentissages

E ☐ installe la vie intellectuelle et le goût pour le jeu mental

23 **L'activité ludique :**

A ☐ conforte l'enfant dans sa capacité à être auteur et acteur autonome
B ☐ introduit au maniement d'images et de symboles dégagés du poids réel des choses
C ☐ initie au respect des règles et aux accords symboliques entre pairs
D ☐ éveille au « faire semblant » et stimule l'imaginaire
E ☐ est dangereuse pour la santé mentale de l'enfant

24 **L'apprentissage du langage bénéficie :**

A ☐ des stimulations durant les deux premières années en acquérant des bribes de sens
B ☐ des flux variés, même polyglottes, des conversations de grands et d'adultes
C ☐ de la joie et des vertus d'imiter
D ☐ des corrections de vocabulaire et de syntaxe apportées par l'adulte
E ☐ du souci anxieux d'éducateurs angoissés de contrôler ce que comprend réellement l'enfant

Exo 02.02

Établir les correspondances.

1. Périodes du développement moteur de l'enfant :

1. Trois premières semaines	(*a*) Phase du nourrisson
2. De 1 à 15 mois	(*b*) Période préscolaire
3. De 16 mois à 3 ans et demi	(*c*) Âge de la seconde enfance
4. De 4 à 6 ans	(*d*) Phase néonatale

2. Stades psychanalytiques du développement d'intérêt pour la satisfaction :

1. Stade oral	(*a*) *via* la tétée et l'ingestion de nourriture
2. Stade anal	(*b*) *via* la mise en place des fonctions de reproduction
3. Stade phallique	(*c*) *via* les activités sublimées, scolarisées et socialisées
4. Période de latence	(*d*) *via* la défécation et l'apprentissage de la propreté
5. Stade génital	(*e*) *via* le rapprochement avec le sexe opposé du parent

3. Auteurs et concepts exprimant la grande proximité nourrisson-mère :

1. Sigmund Freud
2. John Bowlby
3. Aldo Stern
4. Myriam David

(*a*) La libido maternelle est activée par la libido naissante du bébé en tétée
(*b*) Materner ravive chez la mère l'inconscient de son propre passé de bébé
(*c*) Mère et bébé recherchent la concordance symbiotique parfaite
(*d*) La recherche de fusion crée chez le bébé un attachement archaïque

4. Repères de développement du nourrisson :

1. 8 semaines
2. 16 semaines
3. 20 semaines
4. 24 semaines
5. 32 semaines
6. 36 semaines

(*a*) il rampe ou se déplace à 4 pattes
(*b*) il pousse sur ses jambes et mime la marche si on le soutient près du sol
(*c*) il tient un objet dans la paume de sa main
(*d*) il lance le bras et les doigts vers des objets intéressants
(*e*) il se tient assis
(*f*) il maintient sa tête durablement

QCM 03.01

1 L'apprentissage de la propreté par contrôle des sphincters :

A ☐ place la mère et l'enfant devant leur responsabilité sociale
B ☐ intègre les impératifs sociaux
C ☐ est indépendant des habitudes sociales
D ☐ conforte la conscience de l'autonomie et de la puissance du Soi
E ☐ renforce la dyade fusionnelle mère-bébé

2 Le style d'apprentissage de la propreté :

A ☐ porte chez les parents des traces de leur propre rapport aux contraintes et règles sociales
B ☐ peut colporter des traces du rapport des parents à leur propre vécu de corps et d'excrétion
C ☐ peut tourner à l'affrontement agressif des puissances bilatérales enfant-parents
D ☐ peut se passer de toute référence à l'arbitrage tiers de la société
E ☐ ne vire jamais à un combat égo contre égo

3 Le cadre éducatif :

A ☐ dépasse les rapports de force individuels de volonté contre volonté en posant des règles
B ☐ sert à « élever » l'enfant, ce qui signifie le hausser au-dessus du rapport de force naturel
C ☐ est modulable à souhait par l'enfant caractériel qui n'en fait que selon le plaisir de l'égo
D ☐ est compréhensible et respectable par l'enfant après ses 7 ans
E ☐ est compréhensible et respectable par l'enfant dès 3 ans

4 L'intégration aux échanges sociaux se fait grâce à :
A ☐ la résolution du complexe d'Œdipe par acceptation de n'être qu'un enfant né de parents
B ☒ la résolution du complexe d'Œdipe par acceptation de n'être que d'un seul sexe
C ☐ des chantages affectifs, des tactiques de séduction et des colères
D ☐ la construction de la volonté sur base d'échanges réglés et plus de caprices narcissiques
E ☐ l'identification aux grands et adultes de qui s'inspirer pour être auteur et responsable

5 L'enfant après environ six ans :
A ☒ sort de la crise œdipienne
B ☐ a intégré le principe de la Loi
C ☒ acquiert les prémisses du raisonnement logique
D ☐ questionne les causalités des choses et du sens des choses
E ☒ redoute les fictions et n'a aucun goût pour les invraisemblances

6 L'enfant scolarisé de 7 ans, en général :
A ☐ aime multiplier mentalement les points de vue sur les choses
B ☐ évite de parler
C ☐ aime ranger, classer, ordonner
D ☒ refuse de comparer
E ☒ collectionne

7 Après 7 ans, en général, l'enfant :
A ☒ dépasse le cadre familial pour s'intéresser à des personnages auxquels il s'identifie
B ☒ rechigne à quitter papa et maman et se conforme à leur habitus
C ☒ va vers les plaisirs d'équipes, de groupes, de tâches et objectifs en commun
D ☐ rechigne à fréquenter des institutions
E ☐ est rebuté par les sports collectifs ou la vie en collectivité d'enfants

8 Après 7 ans, le plaisir des jeux devient :

A ☐ de malaxage de ses fèces, car ils font régresser à l'âge de sa toute première puissance

B ☒ de maladresse, car le schéma corporel et la motricité fine ne sont pas encore en place

C ☐ d'adversité, car les tactiques, les alliances, les soumissions aux règles émoustillent

D ☐ de puissance, car ils permettent de (se) mesurer à autrui, en fiction et sous arbitrage

E ☒ d'intelligence, construction et savoirs, car ils donnent confiance dans son appareil mental

F ☒ de docteur, car l'exploration des corps et des sexes clôt les anxiétés œdipiennes

9 Adolescente et adolescent découvrent :

A ☒ les éprouvés intimes de leur corps en transformation

B ☐ la différence des sexes

C ☒ le mystère de leur propre genre masculin ou féminin ainsi que celui du genre opposé

D ☒ l'importance identitaire de la norme

E ☐ l'importance identitaire de l'originalité

10 La période d'adolescence est l'opportunité de tester :

A ☒ les facettes de son identité sociale

B ☐ son coefficient de détérioration mentale

C ☐ la gamme de son potentiel physique et psychologique

D ☒ son orientation et attractivité sexuelles

E ☐ la réactivité de son environnement, notamment familial, à la nouveauté qu'elle impose

11 En provoquant autrui, l'adolescent(e) en crise :

A ☐ mérite le mépris ou la paire de baffes

B ☒ tâtonne pour trouver ses marques

C ☒ cherche une portance sociale relayant celle de sa famille

D ☐ détruit plus qu'il ne construit

E ☒ oscille à trouver son Idéal du Moi

12 Risques de la crise adolescente :

A ☐ rencontre d'un profiteur du désarroi
B ☐ accélération de démence précoce
C ☒ manipulation sectaire ou enrôleuse sous prétexte de guider vers des valeurs
D ☐ aliénation à gourou ou à groupe fanatique sous prétexte de protéger
E ☒ passion aveugle obsédante et inhibitrice
F ☒ dépression et suicide

13 La tentative de suicide d'adolescent(e) :

A ☐ n'est jamais à prendre au sérieux
B ☒ est une auto-agression par défaut de réponse adaptée d'autrui
C ☒ est une rupture de lien en période de grand désarroi
D ☐ montre la richesse d'estime de soi
E ☐ signe la revendication d'absolu et la radicalité d'idéal

14 La fragilité psychologique de l'adolescence en crise se manifeste par :

A ☐ des conduites scolaires, sportives ou de loisirs harmonieusement adaptées
B ☒ une réactivité caractérielle exacerbée en attachement ou en détachement
C ☐ des gestes d'impatience, d'intolérance, d'emportement, de jugement entier
D ☒ le sens des nuances et du changement de regard à inverser les rôles

15 La fragilité psychologique de l'adolescence en crise se manifeste aussi par :

A ☒ des troubles graves de l'alimentation et du sommeil
B ☒ la tendance à trouver des compensations dans des addictions
C ☐ la baisse du quotient intellectuel
D ☒ des rejets agressifs de protections et institutions
E ☐ des rodomontades vaniteuses et critiques

16 **L'installation de la sexualité génitale chez l'adolescent(e) peut provoquer parfois :**

A ☒ refus et dénégation des transformations corporelles
B ☐ hypocondrie, mise sous surveillance médicale du corps et des conduites
C ☒ déplacements de l'angoisse sur le domaine alimentaire (anorexie, obésité)
D ☐ augmentation du quotient intellectuel
E ☒ refuge vers des jeux d'abstractions et mise à distance de la sensualité
F ☐ pratiques d'excitations exacerbées artificielles (drogues, alcool, café, tabac...)

Exo 03.02

Établir les correspondances.

Mécanismes de défense psychiques et régulation des pulsions :

1. La pensée tente d'abstraire et détacher l'affectif hors du sensible	(*a*) Régression
2. Les plaisirs du corps sont évités	(*b*) Ascétisme
3. Seule la répétition des plaisirs archaïques est recherchée	(*c*) Passage à l'acte
4. Le mouvement est soudain mobilisé pour éviter fantasmes et désirs	(*d*) Intellectualisation

4 Aspects de la personnalité

QCM 04.01

1 La personnalité d'un individu est :

A ☐ un instinct naturel inné et précis

B ☐ un tableau exprimant permanence et continuité de ses modes d'action

C ☐ un tableau exprimant permanence et continuité de ses modes de réaction

D ☐ une description de son style d'interaction avec autrui et le monde

2 La personnalité d'un individu correspond à :

A ☐ un ensemble de traits descriptifs des manières d'être

B ☐ un ensemble de traits descriptifs des manières de faire

C ☐ une prédiction de son horoscope

D ☐ une évaluation quantitative de ses performances testées

E ☐ une prévision globale de son comportement

3 Un test de personnalité :

A ☐ mesure des performances

B ☐ compare des résultats quantitatifs à des exercices étalonnés

C ☐ fait réagir à des fictions pour apprécier et comparer les styles de réactions

D ☐ propose des questions fermées à réponses attendues justes ou fausses

E ☐ propose des questions ouvertes à libre réponse

4 Un « test projectif » sert au psychologue à comprendre comment une personnalité :

A ☐ se débrouille pour structurer mentalement une situation informelle

B ☐ va chercher au profond de soi des ressources enfouies

C ☐ projette éventuellement ses fantasmes inconscients sur la réalité

D ☐ a bien assimilé ses acquis scolaires

E ☐ exprime son mode d'être par son style d'existence

Aspects de la personnalité

5 Le cognitivisme considère que le psychisme évolue en :

A ☐ définissant des schémas intellectuels se succédant en stades fixes
B ☐ affinant les discriminations perceptives pour mieux les combiner
C ☐ multipliant les connexions et les correspondances de représentations
D ☐ discriminant de mieux en mieux classes, ordres, catégories, abstractions
E ☐ recevant de divinités son kit de « prêt à penser »

6 La « réaction circulaire » montrant comment la représentation d'un soi-auteur émerge de la répétition d'actes d'abord fortuits, a été formalisée par :

A ☐ S. Freud
B ☐ J. Piaget
C ☐ E. Morin
D ☐ H. Rorschach
E ☐ C. Levi-Straus

7 Le cognitivisme considère que les performances cognitives de la personne :

A ☐ dépendent du sens perçu de la situation
B ☐ ont besoin pour être réussies d'avoir du sens chez la personne
C ☐ sont d'autant meilleures qu'il y a stimulation et entraînement continu
D ☐ sont indépendantes du contexte affectif de leur réalisation
E ☐ font dissonance cognitive quand il y a conflit entre pensées et modèle de référence

8 Le cognitivisme nomme « estime de soi » :

A ☐ le plaisir auto-érotique
B ☐ l'autoévaluation continue de la qualité d'auteur permanent des actes accomplis
C ☐ l'autoévaluation continue du doute dans les choix d'actes à accomplir
D ☐ la phase dépressive du trouble bipolaire
E ☐ l'auto-appréciation factuelle du rôle de stratège cognitif coordonnant l'adaptation

9 **L'émotion est un état d'affectation, que la personne pour retrouver sa maîtrise doit :**

A ☐ convertir en paroles d'échanges
B ☐ maintenir en sidération
C ☐ fluidifier et partager *via* la verbalisation, laquelle socialise et soulage
D ☐ convertir en passage à l'acte brutal

10 **L'angoisse :**

A ☐ est sans objet
B ☐ correspond à la peur de quelque chose
C ☐ est un ressenti d'oppression
D ☐ est un vécu sans images et sans symboles
E ☐ se parle aisément

11 **Les sensations :**

A ☐ sont des contacts immédiats avec les milieux interne ou externe
B ☐ touchent à la régulation du processus vital
C ☐ sont des perceptions d'objets
D ☐ discriminent source, cause et but
E ☐ sont à la clé du conditionnement de réflexes

12 **La perception :**

A ☐ ne concerne ni l'espace ni le temps
B ☐ met en échec la permanence des objets
C ☐ est un traitement mental de l'information reçue du monde
D ☐ fait connaître et reconnaître des objets
E ☐ capte des « bonnes formes » utiles à la vie et au confort

13 **Les perceptions sont :**

A ☐ la lecture du milieu de vie
B ☐ fortement culturelles
C ☐ dégagées de toute dimension anthropologique
D ☐ indépendantes des croyances et des valeurs
E ☐ dépendantes des connaissances et des valorisations sociales

14 La mémoire est une structure dynamique :

A ☐ de stockage d'engrammes bioélectriques neuroniques emmagasinant des traces
B ☐ d'excitation d'engrammes bioélectriques neuroniques actualisant des souvenirs
C ☐ de connexions neuroniques opérant des transferts d'images
D ☐ de signes symboliques abstraits sans support organique

15 Le vieillissement de la personne :

A ☐ diminue l'aptitude à mener de front plusieurs tâches
B ☐ dégrade la mémoire à court terme
C ☐ dégrade la mémoire à long terme
D ☐ laisse intacte l'intégration de symboles nouveaux et de consignes complexes
E ☐ entraîne des amnésies et oblige à des stratégies de compensations mnésiques

16 La psychanalyse considère que :

A ☐ les images mnésiques rappelées contribuent à ré-enchanter le monde
B ☐ l'oubli correspond à une stratégie signifiante contournant un interdit
C ☐ un trou de mémoire est une faiblesse mécanique du rappel de signes
D ☐ un faux-souvenir conscient peut masquer un vrai-souvenir refoulé
E ☐ un rêve est exclusivement fait de souvenirs réels

17 La mémoire « occurrente » du soignant :

A ☐ porte les automatismes des habitudes professionnelles
B ☐ est une aide pour l'efficacité professionnelle
C ☐ supprime le sens critique et l'auto-évaluation
D ☐ supprime la nécessité de l'évaluation et du partage avec les pairs
E ☐ est immunisée contre les oublis ou les fautes

18 L'attention de quelqu'un :

A ☐ établit des relations précises avec des objets externes à sa personne
B ☐ peut être portée à soi-même en tant qu'objet externe à sa personne
C ☐ est une opération de filtrage des intérêts et de tri des objets perçus
D ☐ concentre une bonne part de l'énergie sur de rares objets choisis
E ☐ abandonne le contrôle de son champ perceptif

19 Pour la psychanalyse, une faute d'inattention chez une personne :

A ☐ est un défaut d'organisation de sa perception
B ☐ correspond chez elle à un « acte manqué »
C ☐ traduit son faible niveau intellectuel
D ☐ confirme son manque de responsabilisation
E ☐ montre son violent conflit entre désirs conscients et inconscients

20 L'intelligence selon le psychologue Piaget :

A ☐ est un ensemble de moyens pensés pour poser et résoudre des problèmes
B ☐ est un ensemble de moyens innés radicalement étrangers à l'éducation
C ☐ se construit au fil des ans par abstraction réfléchissante
D ☐ fonctionne par tri et sélection d'éléments pertinents pour agir
E ☐ se développe par stades et schèmes de fonctionnement conformes chez tous

21 Le quotient intellectuel (QI) chez quelqu'un :

A ☐ donne une indication précise sur la particularité de sa pensée
B ☐ compare statistiquement son potentiel à des performances d'autres sujets
C ☐ est une donnée stable et définitive
D ☐ permet de classer les performances de sujets en regard de critères administratifs

22 La communication infra-verbale inclut :

A ☐ du discours parlé
B ☐ des phrases prononcées
C ☐ des mimiques
D ☐ des micro-gestes involontaires
E ☐ des attitudes inconscientes

Exo 04.02

Établir les correspondances.

1. Études de la personnalité et psychologie scientifique :

1. Le « behaviorisme »
2. La psychologie expérimentale
3. Les neurosciences
4. La psychologie différentielle
5. Le cognitivisme

(*a*) observation objective des comportements et des expressions
(*b*) traitement des informations et des échanges par la personne
(*c*) observations et tests d'épreuves menés en milieu standardisé
(*d*) traitement statistique de résultats pour établir des comparaisons
(*e*) modélisation de l'activité psy en référence à des progiciels

2. Émotion et psychisme :

1. Affect
2. Émotion
3. Impression
4. Sentiment

(*a*) un ressenti de corps affecté, impacté
(*b*) un ressenti traduit en signes culturels d'attraction/répulsion
(*c*) une émotion parlée, pensée, prolongée via les symboles sociaux
(*d*) un ressenti auquel est cherché un sens, via les images sociales

QCM 05.01

1 Chez quelqu'un, son inconscient se glisse essentiellement au cours de :

A ☐ la sensation intime du besoin
B ☐ la parole s'adressant à autrui
C ☐ l'expression de demandes à autrui
D ☐ la formulation de désirs envers autrui
E ☐ la rêverie personnelle

2 Une cure psychothérapique de psychanalyse comporte :

A ☐ des discussions savantes sur le conflit entre soi et la morale sociale
B ☐ des séances régulières de rencontre avec un(e) psychanalyste déclenchant le transfert
C ☐ des occasions d'évoquer ses fantasmes, ses demandes, ses désirs et ses rêves
D ☐ des moments de jugement moral sur les conduites confessées
E ☐ un exposé philosophique sur le sens de l'existence

3 Les angoisses :

A ☐ manifestent que des désirs inconscients bousculent la censure et affleurent à la conscience
B ☐ liées à la situation de devoir parler en public sont nommées « claustrophobies »
C ☐ liées à l'enfermement sont nommées « eurotophobies »
D ☐ sont un appel à la protection et au réconfort

4 La psychopathologie traite des :

A ☐ écarts de conduites par rapport aux normes sociales
B ☐ vertus morales
C ☐ avantages de la bonne éducation
D ☐ perturbations du rapport au monde et à autrui par trouble psychologique
E ☐ conséquences comportementales de dysfonctionnements psychiques

5 L'accompagnement d'un soigné est un soutien psychologique si le soignant :

A ☐ creuse avec lui son anamnèse
B ☐ comprend avec lui les influences sociales et culturelles qu'il ressent
C ☐ l'assomme unilatéralement de ses connaissances
D ☐ le maintient dans l'ignorance
E ☐ respecte ses mécanismes de défense et de régulation psychique utiles à sa rééquilibration

6 Les délires paranoïaques peuvent prendre les formes de délire :

A ☐ interprétatif de causes et conséquences
B ☐ passionnel d'injustice, de préjudice, de revendication
C ☐ dépressifs de fin de monde
D ☐ érotomaniaque d'amour secret
E ☐ de jalousie de persécution

7 Les délires schizophréniques peuvent prendre les formes :

A ☐ choréo-athétosiques
B ☐ dissociées
C ☐ de néologismes
D ☐ hallucinatoires
E ☐ de confiscation de la pensée

8 Les psychoses bipolaires :

A ☐ sont caractérisées par la stabilité affective et la régularité comportementale
B ☐ alternent des phases d'excitation exubérante et de passivité dépressive
C ☐ correspondent au syndrome maniaco-dépressif
D ☐ témoignent de la stabilité de l'humeur
E ☐ correspondent au syndrome de morcellement de l'image de soi

9 Les syndromes dépressifs :

A ☐ correspondent à la mélancolie
B ☐ témoignent d'une vie pénible, lourde et sans entrain
C ☐ traduisent l'élan vers de multiples implications et responsabilités
D ☐ incluent le risque de suicide
E ☐ incluent désespoir et culpabilité

10 Les troubles des névroses :

A ☐ affectent la structure fondamentale de la personnalité
B ☐ sont identiques aux déstructurations psychotiques
C ☐ affectent la fluidité de la vie quotidienne chez la personne
D ☐ traduisent un conflit intrapsychique chez la personne

11 La résilience est pour une personne traumatisée :

A ☐ la capacité à restaurer des liens réparateurs suite à une catastrophe psychologique
B ☐ l'intégration de l'évènement traumatique à son histoire de vie
C ☐ la rupture d'un contrat juridique
D ☐ le décrochage psychique en situation d'excès de contraintes

12 Sont des expériences jouissives de limite :

A ☐ les sports extrêmes
B ☐ les addictions
C ☐ l'orgasme
D ☐ les défis à haut risque
E ☐ l'arbitrage sportif
F ☐ le loisir domestique
G ☐ les pratiques de toxiques

13 Les soins de fin de vie prennent en considération la psychologie du soigné en :

A ☐ considérant son identité et ses valeurs
B ☐ respectant ses idées et ses croyances
C ☐ le convainquant de la proximité du paradis
D ☐ étayant jusqu'au bout son estime de soi
E ☐ traitant lui-même, son entourage et ses affaires avec dignité

14 La psychologie sociale étudie :

A ☐ les acquisitions scolaires au fil du développement de l'enfant
B ☐ les dynamiques collectives influant l'existence de la personne
C ☐ les intégrations de la personne dans les groupes et les institutions
D ☐ les interactions entre membres de groupes
E ☐ le droit et les institutions de justice

15 Trois gestions du quotidien étudiées par la psychologie sociale :

A ☐ comment une personne se représente les groupes sociaux
B ☐ comment les sociétés anciennes étaient régies
C ☐ comment un groupe se représente les comportements et idées d'une personne
D ☐ comment la collectivité se représente-t-elle et s'organise-t-elle

16 La consonance cognitive

A ☐ restitue les contradictions sociales
B ☐ agit sur la cohérence des signes d'une société
C ☐ intervient pour fournir des repères collectifs à un groupe
D ☐ relie ensemble les croyances et les hiérarchies de valeurs sociales
E ☐ discrimine et exclut

17 Le moteur de la compétition sociale procède par :

A ☐ comparaisons ascendantes
B ☐ comparaisons descendantes
C ☐ évaluations des possessions d'autrui
D ☐ stigmatisation
E ☐ envie

18 Méthodes psychologiques pour modifier les attitudes :

A ☐ torture
B ☐ persuasion
C ☐ lobotomie
D ☐ publicité
E ☐ propagande

19 Déformations cognitives par catégorisation pernicieuse :

A ☐ le préjugé
B ☐ la discrimination
C ☐ l'enquête
D ☐ le jugement expéditif
E ☐ le racisme

20 Les conduites au travail doivent dépendre :

A ☐ du profil de poste occupé
B ☐ de la clarté des missions et du cahier des charges
C ☐ des envies lunatiques de tous
D ☐ des routines habituelles
E ☐ de la qualité des relations avec les pairs
F ☐ de la qualité des relations hiérarchiques
G ☐ des régulations d'équipes
H ☐ des lubies de l'encadrement
I ☐ des compétences de l'agent
J ☐ de l'inattention et de l'absence de jugement critique

21 La motivation au travail dépend de facteurs externes :

A ☐ revenus et avantages fruits du travail
B ☐ sentiment d'appartenance à un corps ou une entité sociale
C ☐ luttes et conflits sociaux
D ☐ relations de confiance en équipe
E ☐ fierté à être identifié en tant qu'acteur de choses socialement valorisées
F ☐ envergure des responsabilités

22 La motivation au travail dépend de facteurs personnels :

A ☐ indifférence à l'absence de considération par la hiérarchie
B ☐ fierté à être apprécié pour sa valeur personnelle
C ☐ fatigue et dépression
D ☐ qualité de réalisation de soi
E ☐ sentiment de l'aliénation
F ☐ sentiment de l'exploitation

Exo 05.02

Établir les correspondances.

1. Seconde topique freudienne :

1. Le ça
2. Le moi
3. Le sur-moi

(*a*) tente l'unification des pulsions et assure l'adaptation des désirs au monde
(*b*) dit les interdits sociaux et surveille le bon fonctionnement de la censure
(*c*) réservoir des pulsions et de la libido

2. Signes concernant la psychopathologie phénoménologique :

1. Existence au monde douloureuse
2. Défaut de contact
3. Aliénation
4. Atmosphère d'étrangeté

(*a*) ambiance où choses, gens et soi-même deviennent étrangers
(*b*) les désirs disparaissent au profit d'impératifs énoncés par des dominants
(*c*) sensation d'inauthenticité de l'expérience de vie
(*d*) souffrance de ne pas se sentir là où il y aurait lieu d'être

3. Notions psychanalytiques freudiennes :

1. pulsion de mort
2. pulsion de vie
3. au-delà du principe de plaisir
4. masochisme

(*a*) poussée pour détruire compulsivement ce qui a résisté au désir
(*b*) perversion où la satisfaction est obtenue par la douleur
(*c*) hors limite pour jouir sans borne des excès et des risques
(*d*) poussée pour prendre plaisir et détente à la satisfaction du désir

4. Syndromes névrotiques :

1. conversion d'images mentales en somatisations
2. compulsion à nettoyer et ritualiser
3. peurs irraisonnées

(*a*) névrose obsessionnelle
(*b*) névrose phobique
(*c*) névrose hystérique

5. Les névroses théâtralisent les séquelles de conflits archaïques refoulés :

1. Fixations orales enjeu d'attachement	(*a*) névrose hystérique
2. Fixations anales enjeu du détachement	(*b*) névrose obsessionnelle
3. Fixations sexuelles enjeu du contact	(*c*) addictions
4. Fixations sexuelles enjeu de séduction	(*d*) névrose phobique

6. Pathologies et image du corps :

1. Mal dans sa peau	(*a*) déplacer le corps pour tenter de trouver ailleurs de meilleures conditions
2. Tics	(*b*) mauvaise adéquation entre corps et représentations imaginaires de soi
3. Instabilité	(*c*) séquelles archaïques du principe de plaisir résistant à la pression de la réalité
4. Inhibition	(*d*) passivité, restriction, isolement pour éviter la force des désirs

7. Les formes du rapport au pouvoir :

1. Provoquer des conséquences	(*a*) recevoir protection et sécurité
2. Sanctionner	(*b*) donner des ordres à exécuter
3. Commander	(*c*) évaluer des résistances et les dépasser
4. Obéir	(*d*) récompenser ou punir

ÉVAL

6 Examen blanc – Aix-Marseille

UE 1.1

L'évaluation de l'Université Aix-Marseille se déroule selon les modalités suivantes :
- **évaluation inter-IFSI** portant sur le contenu des apports théoriques universitaires (DVD) : 10 textes avec 6 QCM vrai/faux par texte correspondant à 80 % de la note ;
- **évaluation propre à chaque IFSI** portant sur le contenu mettant en lien théorie et pratique (TD) : QCM et QROC – correspondant à 20 % de la note.

Exo 06.01 Examen blanc inter-IFSI

Les sujets ne sont pas au choix : chacun des 10 sujets doit être traité.

Répondre par « Vrai » ou « Faux » aux affirmations suivantes.

➤ Thème 1 – Le normal et le pathologique

« Le vivant normal est celui qui est conforme à ces normes. Mais devons-nous tenir tout écart pour anormal ? « Le modèle c'est en réalité le fruit d'une statistique. Le plus souvent c'est le résultat de calculs de moyennes. Mais les individus véritables que nous rencontrons s'en écartent plus ou moins et c'est précisément en cela que consiste leur individualité. Il serait très important de savoir sur quoi portent les écarts et quels écarts sont compatibles avec une survie prolongée. Il faudrait le savoir pour les individus de chaque espèce. Une telle étude est loin d'être faite » [...]. *C'est la difficulté d'une telle étude concernant l'homme que Laugier expose. »*

Canguilhem G. (1979), *Le normal et le pathologique*

A. Pour Claude Bernard, l'état pathologique est une variation quantitative de l'état normal.

B. Pour Canguilhem, l'état pathologique est opposable à l'état normal.

C. Pour Canguilhem, l'état de santé est l'absence de maladie.

D. Pour Canguilhem, le pathologique est une altération de l'état de santé, c'est un état autre.

E. Pour Canguilhem, la norme n'est rien d'autre que la moyenne statistique.

F. L'homme sain, pour Canguilhem, ne peut être défini par des critères purement quantitatifs.

➤ Thème 2 – Psychologie analytique

• Sujet 1 : « *Nous assimilons donc le système de l'inconscient à une grande antichambre dans laquelle les tendances psychiques se pressent, tels des êtres vivants. À cette antichambre est attenante une autre pièce, plus étroite, une sorte de salon, dans lequel séjourne la conscience. Mais à l'entrée de l'antichambre, dans le salon veille un gardien qui inspecte chaque tendance psychique, lui impose la censure et l'empêche d'entrer au salon si elle lui déplaît. Que le gardien renvoie une tendance donnée dès le seuil ou qu'il lui fasse repasser le seuil après qu'elle a pénétré dans le salon, la différence n'est pas bien grande et le résultat est à peu près le même. Tout dépend du degré de sa vigilance et de sa perspicacité* ».

Freud S. (1916). *Introduction à la psychanalyse*, trad. S. Jankélévitch

A. Ce texte décrit « la théorie des situations ».

B. La tendance qui est renvoyée à l'inconscient par le gardien s'appelle le refoulement.

C. La tendance que le gardien laisse passer va directement à la conscience.

D. Le préconscient contient des représentations qui ne sont pas présentes à la conscience mais qui peuvent le devenir.

E. La censure ouvre parfois la porte de l'inconscient par le biais des rêves.

F. La conscience contient les pulsions qui permettent l'accession au plaisir.

• Sujet 2 : « *Dans le "Moi" lui-même, une instance particulière s'est différenciée, que nous appelons le "Surmoi". Ce Surmoi occupe une situation spéciale entre le "Moi" et le "ça". Il appartient au "Moi", a part à sa haute organisation psychologique, mais est en rapport particulièrement intime avec le "ça". Il est en réalité le résidu des premières amours du "ça", l'héritier du complexe d'Oedipe après abandon de celui-ci. Ce "Surmoi" peut s'opposer au "Moi", le traiter comme un objet extérieur et le traite en fait souvent fort durement. Il importe autant, pour le "Moi", de rester en accord avec le "Surmoi" qu'avec le "ça". Des dissensions entre "Moi" et "Surmoi" sont d'une grande signification pour la vie psychique. [...]* ».

Freud S. (1925). *Psychanalyse et médecine*. Trad. Fr. Marie Bonaparte

A. L'individu cherche à se conformer à l'idéal du moi.

B. Les pulsions sont les fondements même de l'être.

C. Dans la deuxième topique de S. Freud, le monde de la censure est représenté par le surmoi.

D. Comme dans la mythologie grecque, le complexe d'Œdipe concerne seulement l'amour d'un fils à sa mère.

E. Deux besoins de sens contraires amènent, dans le point de vue dynamique de S. Freud, un conflit psychique.

F. Les pulsions sexuelles, décrites par S. Freud, font référence à l'activité sexuelle.

➤ Thème 3 – Psychologie cognitive

• Sujet 1 : « *Des millions d'items du monde extérieur sont présentés à mes sens, qui n'entrent jamais à proprement parler dans mon expérience. Pourquoi ? Parce qu'ils n'ont pour moi aucun intérêt. Mon expérience est ce à quoi j'accepte de prêter attention. Seuls les items que je remarque façonnent mon esprit - sans intérêt sélectif, l'expérience est un chaos pur et simple. [...] Chacun sait ce qu'est l'attention. C'est le fait pour l'esprit de prendre possession, sous une forme claire et vive, d'un objet ou d'un train de pensées, parmi plusieurs, qui semblent chacun simultanément possible. La focalisation et la concentration de la conscience semblent constituer son essence. Elle implique le retrait par rapport à certaines choses afin de s'occuper plus efficacement d'autres, et constitue un état qui a pour réel opposé l'état de confusion ou de dispersion que les Français appellent distraction, et les Allemands Zerstreutheit* ».

William James (1890), *The Principles of Psychology* - Traduction française : *Principes de psychologie*, Vol. 1, Courier Dover Publications (1950).

A. L'attention permet de se focaliser sur ce qui nous intéresse en occultant une partie du monde.

B. Les termes « attention » et « vigilance » sont des synonymes.

C. L'attention volontaire ou réfléchie est dite endogène car elle dépend de l'individu et de ses motivations.

D. L'attention soutenue n'est pas durable au-delà de 10 minutes.

E. L'attention divisée permet d'intégrer des informations tout en étant concentré sur une autre information.

F. On ne peut pas mémoriser d'informations sans attention.

• Sujet 2 : « *La capacité de communiquer, pourtant naturelle chez le mammifère humain, est souvent inhibée au contact d'autres humains. Tout message émis comporte le risque d'être jugé, et l'émetteur à travers lui (c'est pourquoi les premières rencontres sont génératrices d'anxiété, car elles sont le jeu des premières impressions). L'emploi de la communication écrite, comme de toute communication "médiatisée" (c'est-à-dire passant par des intermédiaires instrumentaux) atténue plus ou moins le paradoxe, mais de façon souvent illusoire : il demeure toujours présent à un degré variable selon qu'on communique par lettre, par télégramme, par livre, par téléphone, par télécopie...*

Seule une connaissance des phénomènes de communication permet d'exercer un meilleur contrôle de la façon dont on communique, et de comprendre ce que communiquent réellement les autres ».

Bertrand J-E. (26 novembre 2012). Psychologie de la communication : *Théorie et pratique. (Support de cours). Site :* jeb.sciences-arts.org

A. Le modèle de Shannon et Weaver (1949) repose sur seulement deux éléments : un émetteur et un récepteur.

B. L'école de Palo Alto affirme qu'un être humain ne peut vivre sans communiquer.

C. Le message est le véhicule de l'intention.

D. Les problèmes de communication proviennent toujours du filtre du récepteur.

E. Le contact visuel est un paramètre verbal important dans la compréhension du message.

F. Pour une communication efficiente, le *feedback* n'est pas nécessaire.

➤Thème 4 – Développement de la personne et de la personnalité

• Sujet 1 : « *La théorie de l'attachement élaborée dans le contexte de l'après guerre par Bowlby repose sur un paradigme la recherche de la proximité de l'autre de détresse afin de restaurer le sentiment de sécurité. Le comportement d'attachement répondrait à un besoin inné, biologiquement déterminé de proximité équivalent dans son importance pour la survie à celui de nutrition. La satisfaction de ces besoins d'attachement notamment durant les trois premières années de vie, constitue un paramètre important du développement et semble en effet prédictif d'un meilleur développement ultérieur de l'enfant ».*

Lama C. et Guedeney N. (2006), Extrait de texte constitution des liens d'attachement, Journal de pédiatrie

A. L'attachement est prédictif du type de lien que l'on initiera à l'âge adulte.

B. Il existe deux sous-types d'attachement insécure : rejetant et évitant.

C. Dans le type d'attachement évitant l'enfant ignore le parent lors des retrouvailles.

D. L'attachement sécure permet à l'enfant d'optimiser ses capacités d'adaptation sociale futures.

E. L'environnement de l'enfant instaure le lien d'attachement.

F. Un attachement sécure peut empêcher l'enfant d'explorer le monde.

• Sujet 2 : « *Une propriété centrale de l'opposition entre l'inné et l'acquis est que ces deux termes sont tenus pour mutuellement exclusifs. Les caractéristiques de l'être humain sont censées être soit innées, soit acquises. Or cette dichotomie est tout simplement incohérente. Si l'on se réfère aux définitions littérales de ces mots, l'inné fait référence à ce qui est présent dès la naissance. L'acquis fait référence à ce qui est acquis par apprentissage, par exposition, et, dans un sens plus général, par interaction avec l'environnement. On voit dès lors que les deux termes ne sont pas mutuellement exclusifs: d'une part le fœtus interagit avec l'environnement et acquiert des expériences bien avant la naissance, d'autre part des propriétés présumées innées peuvent apparaître bien après la naissance (par exemple à la puberté). On voit donc que ni la naissance, ni aucun autre seuil temporel, ne peut servir de critère à ce que l'on considère inné* ».

Texte publié dans : Ramus, F. (2012), *Au-delà de l'inné et de l'acquis*, *Hors-série La Recherche - Jeux, Juillet 2012*, 18-20.

A. L'inné est tout ce qui est relatif à la génétique.

B. L'identité se construit au travers d'une dimension sociale.

C. Les traits de la personnalité sont stabilisés à l'âge adulte.

D. Le développement de la personnalité se nourrit de différentes identités.

E. Les traits de la personnalité jouent un rôle prépondérant sur nos comportements.

F. Nos comportements une fois acquis sont permanents car transmis par hérédité.

➤ Thème 5 – Psychologie sociale

• Sujet 1 : « *Pour la psychologie sociale, la relation est un concept qui met l'accent sur la nature dynamique des phénomènes sociaux en tant qu'ils sont des processus : l'idée de processus désignant la dimension relationnelle inhérente à l'expression même de la vie sociale.*

Par ailleurs, il faut souligner que le concept de relation en psychologie sociale a un contenu différent de celui que lui confère le langage courant; en effet, lorsque les gens parlent de relation, c'est souvent pour traduire le fait qu'ils entretiennent des échanges, qu'ils ont un contact avec quelqu'un ; on dira par exemple : « j'ai de bonnes relations avec mes voisins ».

En réalité, il s'agit d'un concept interprétatif de la réalité sociale : il exprime d'abord le fait qu'à la base de toute vie sociale, il existe des liens (institutionnels, affectifs, juridiques, etc.), qui unissent les gens ; à partir de là, la vie individuelle et collective apparaît comme un ensemble d'événements à travers lesquels se nouent et se dénouent ces liens; ce qui permet d'affirmer qu'une société, mais aussi chacun de nous est à sa manière un nœud de relations. »

Fischer G-N. (Mars 1999), *Le concept de relation en psychologie sociale*, Recherche en soins infirmiers n° 56.

A. Les liens qui existent entre les hommes permettent d'affirmer que l'homme est un être social.

B. Il n'existe qu'une théorie en psychologie sociale : la théorie béhavioriste.

C. L'homme vacille entre deux désirs : celui de coopérer et celui d'être dominé, c'est ce que l'on appelle les stratégies de l'échange.

D. Les interactions sociales impliquées dans la relation recherchent l'équilibre des échanges.

E. Altman et Taylor ont montré qu'au fur et à mesure que la relation s'approfondit il y a un processus d'échanges de confidences qui ne rend pas pour autant la relation symétrique.

F. La coopération est une stratégie appartenant au concept de l'équité.

Examen blanc – Aix-Marseille

• Sujet 2 : « *Aspect du processus central de l'influence sociale, à la connaissance duquel il constitue une voie d'accès, le leadership est analysé comme un phénomène de groupe ayant des implications quant à la conformité, au changement d'attitude, à l'attraction interpersonnelle. L'interaction entre le leader et ses coéquipiers est présentée comme un échange de récompenses, essentiellement une transaction entre un gain en statut social pour qui exerce l'influence et une aide apportée au groupe par l'exercice de l'influence, tant pour la réalisation de ses buts que pour la satisfaction de certains besoins de participation, reconnaissance, sécurité, indépendance. Cette conception a été progressivement suggérée par une série d'études sur l'émergence du leadership, sur le conformisme et les conduites novatrices chez les leaders et sur le statut social comme « crédit idiosyncrasique ». Certaines de ces études sont reprises, à côté d'autres recherches originales, dans l'ouvrage, qui leur fournit un cadre systématique tout en précisant leur méthodologie.* »

Hollander, E. P. (1964). *Leaders, group and influence*. New York, Oxford University Press, dans Jodelet D., Viet J., Besnard P. (1970). *La psychologie sociale*. Édition électronique de l'Université du Québec à Chicoutimi (complétée le 1er mai, 2008)

A. De Visscher a défini 7 caractéristiques dans la notion de groupe.

B. Lewin démontre que seuls les individus qui composent le groupe déterminent le comportement de ce dernier.

C. Le Leader dans un groupe a un pouvoir hiérarchique institutionnel.

D. Le style de commandement du *leadership* a un impact sur la performance quantitative et/ou qualitative du groupe.

E. Dans un commandement autocratique, le groupe se gère seul.

F. Dans les années 1980, Hollander nous explique qu'il y a 3 facteurs d'influences à prendre en compte pour établir le style de management à choisir : la situation, le leader, les participants.

➤ Thème 6 – Psychologie et santé

« *Je dirais que la pensée complexe est tout d'abord une pensée qui relie. C'est le sens le plus proche du terme complexus (ce qui est tissé ensemble). Cela veut dire que par opposition au mode de penser traditionnel, qui découpe les champs de connaissances en disciplines et les compartimente, la pensée complexe est un mode de reliance. Elle est donc contre l'isolement des objets de connaissance; elle les restitue dans leur contexte et, si possible, dans la globalité dont ils font partie. Ce que je crois avoir fait, c'est une mise en avant des opérateurs de cette pensée qui relie. Quels sont-ils ? Il y a le principe de la boucle rétroactive. On doit à la cybernétique le concept de rétroaction, qui brise la causalité linéaire en nous faisant concevoir le paradoxe d'un système causal dont l'effet retentit sur la cause et la modifie; ainsi, nous voyons apparaître une causalité en boucle ».*

Morin E. (2008).La pensée complexe : Antidote pour les pensées uniques. Entretien avec Nelson Vallejo-Gomez. Synergies *Monde* n° 4 - pp. 249-262

A. La psychologie de la santé s'inscrit dans une approche biopsychosociale, systémique et pluridisciplinaire.

B. Pour Lazarus et Folkman, les événements de la vie n'ont pas le même impact selon les individus. Ce qui est stressant, c'est leur retentissement émotionnel et leur signification pour cet individu.

C. Le problème du stress résulte d'un facteur déclenchant qui en serait la cause.

D. La systémique s'intéresse aux éléments mais surtout aux liaisons entre éléments

E. L'approche systémique ne s'intéresse pas aux problèmes de lien.

F. La rétroaction n'est pas prise en considération dans le modèle systémique.

Exo 06.02 Examen blanc IFSI

Répondre à ces QROC dans un esprit de synthèse.

➤Thème 1 – Psychologie cognitive : les troubles « dys » de l'enfant

« La grande majorité des enfants « dys » sont scolarises dans l'école maternelle ou primaire de leur quartier. Cette scolarité peut s'accompagner d'interventions de divers professionnels extérieurs a la classe : membres des réseaux d'aides spécialisées aux élevés en difficulté (Rased) pour le primaire, médecins de l'Education nationale, professionnels du secteur médicosocial exerçant par exemple dans un service d'éducation spécialisée et de soins a domicile (Sessad) ou un centre médico-psycho-pédagogique (CMPP), professionnels de la pédopsychiatrie exerçant par exemple dans un centre médico-psychologique (CMP), professionnels médicaux et paramédicaux libéraux. Les mêmes dispositions s'appliquent quand votre enfant entre au collège, au lycée ou dans un établissement de l'enseignement supérieur ».

« Troubles « dys » de l'enfant » : Guide ressources pour les parents.
Broussouloux S., Capuano-Delestre V., Gilbert P., Lefeuvre B., Lefèvre F., Urcun J.-M. (INPES, 2009)

6 SUITE Examen blanc – Aix-Marseille

QROC 1. Donner la définition des termes suivants : dyslexie – dyspraxie - dysphasie.

QROC 2. Donner les différentes formes de la dyslexie. (*3 réponses attendues*).

QROC 3. Donner les différentes formes de la dysphasie (3 réponses attendues).

QROC 4. En pratique, lors de l'apprentissage de la lecture et de l'écriture, la dyslexie entraine le plus souvent quel trouble ?

QROC 5. En pratique, lors de l'apprentissage de la lecture et de l'écriture, la dyspraxie entraine le plus souvent quel trouble ?

➤Thème 2 – Psychologie analytique

« Vous dites toujours, déclare une spirituelle malade que le rêve est un désir réalisé. Je vais vous raconter un rêve qui est tout le contraire d'un désir. Comment accorderez-vous cela avec votre théorie ? » Voici le rêve ; Je veux donner un dîner mais je n'ai pour toutes provisions qu'un peu de saumon fumé. Je voudrais aller faire des achats mais je me rappelle que c'est dimanche après-midi et que toutes les boutiques sont fermées. Je veux téléphoner à quelques fournisseurs mais le téléphone est détraqué. Je dois donc renoncer au désir de donner un dîner... Ce qui vient (d'abord) à l'esprit (de la malade) n'a pu servir à interpréter le rêve. J'insiste. Au bout d'un moment, comme il convient lorsqu'on doit surmonter une résistance elle me dit qu'elle a rendu visite hier à une de ses amies ; elle en est fort jalouse parce que son mari en dit toujours beaucoup de bien. Fort heureusement l'amie est maigre et son mari aime les formes pleines. De quoi parlait donc cette personne maigre ? Naturellement de son désir d'engraisser. Elle lui a aussi demandé ; « Quand nous inviterez-vous à nouveau ? On mange toujours si bien chez vous. » Le sens du rêve est clair maintenant. Je peux dire à ma malade : « C'est exactement comme si vous lui aviez répondu mentalement « Oui-da », je vais t'inviter pour que tu manges bien, que tu engraisses et que tu plaises plus encore à mon mari ! J'aimerais mieux ne plus donner de dîner de ma vie ».... Le rêve accomplit ainsi votre vœu de ne point contribuer à rendre plus belle votre amie... Il ne manque plus qu'une concordance qui confirmerait la solution. On ne sait encore à quoi le saumon fumé répond dans le rêve : « D'où vient que vous évoquez dans le rêve le saumon fumé ? » « C'est, répond-elle le plat de prédilection de mon amie. »

Freud S. (1926). L'Interprétation des rêves. Trad. J. Meyerson, Éd. PUF. pp. 112-114.

QROC 1. Expliquer brièvement ce que représentent les rêves pour S. Freud.

QROC 2. Expliquer brièvement ce que représentent les lapsus pour S. Freud.

QROC 3. Définir le rôle des mécanismes de défense.

QROC 4. Pour S. Freud le Ça est le lieu des pulsions : pulsions de vie et pulsions de mort. Expliquer en quoi consistent ces pulsions.

7 Introduction à l'UE 1.3

Cette UE est en lien avec la compétence « Analyser la qualité des soins et améliorer sa pratique professionnelle ». Elle doit permettre aux étudiants de comprendre les enjeux philosophiques et juridiques de la profession d'infirmier. Les notions étudiées dans cette UE reposent sur trois axes : concepts philosophiques et éthiques liés à la pratique des soins infirmiers, droits fondamentaux des patients et règles encadrant l'exercice de la profession d'infirmier. Certains points feront l'objet d'un approfondissement, comme la particularité des droits des patients mineurs ou ceux des patients souffrant de troubles mentaux. Les notions de cette UE seront complétées dans l'UE 1.3 S4.

➤ Conseils méthodologiques

Les notions de cette UE ne nécessitent pas de prérequis et ne présentent pas de complexité particulière. Il n'en demeure pas moins qu'il s'agit d'un domaine nouveau pour la plupart des étudiants en soins infirmiers. Le droit est pourtant étroitement lié aux soins. Le patient est une personne humaine et tout acte suppose que ses droits soient respectés. Il est donc fondamental de connaitre l'étendue et l'origine de ces droits pour en comprendre les enjeux. Lors des révisions, il sera important de comprendre que l'objectif n'est pas une simple restitution « *stricto sensu* » des notions après les avoir apprises par cœur, sans en comprendre le fond. Il sera essentiel de donner du sens à chaque concept et de le replacer dans le futur contexte professionnel.

➤ Concernant le contrôle des connaissances

Selon les IFSI, les modalités d'évaluation peuvent varier. La forme écrite reste néanmoins le point commun. Quant aux types de questions, les QCM sont très souvent utilisés car ils permettent d'évaluer de manière rapide le niveau de maîtrise des connaissances. Les QCM peuvent aussi être accompagnés par d'autres questions où l'étudiant devra expliquer une notion. Enfin, des cas pratiques sont aussi fréquemment proposés : les étudiants devront utiliser leurs connaissances pour analyser une situation concrète. Ce type d'exercice nécessite d'avoir bien compris les concepts et leurs implications dans la profession d'infirmier. Les critères d'évaluation sont la bonne maîtrise des connaissances et la justesse et la pertinente dans leur utilisation.

THÈME

8 Les droits de l'homme

UE 1.3

QCM 08.01

1 L'identité sociale :

A ☐ comprend la notion de statut
B ☐ désigne le sentiment d'appartenance à un groupe social
C ☐ désigne l'attitude de bienveillance envers les hommes
D ☐ comprend la notion de rôle
E ☐ désigne la reconnaissance de l'autre dans sa différence

2 L'ensemble des devoirs d'une profession est appelé :

A ☐ la non-discrimination
B ☐ l'inaliénabilité
C ☐ la déontologie
D ☐ les droits-créances
E ☐ les droits sociaux

3 Les droits de l'homme ont pour caractéristiques d'être :

A ☐ universels
B ☐ facultatifs
C ☐ indivisibles
D ☐ inaliénables
E ☐ temporaires

4 Les droits de l'homme sont inaliénables, c'est-à-dire :

A ☐ qu'ils permettent une alliance
B ☐ qu'ils ne peuvent pas être vendus
C ☐ qu'ils ne peuvent pas être abrogés
D ☐ qu'ils sont interdépendants
E ☐ qu'ils s'appliquent à tous les êtres humains.

5 Les droits de l'homme dits de « première génération » :

A ☐ datent de 1215
B ☐ datent de 1789
C ☐ sont appelés des « droits-créances »
D ☐ sont appelés des « libertés résistances »
E ☐ datent du lendemain de la Seconde Guerre mondiale

6 Un « droit-créance » :

A ☐ est un droit qui porte sur une somme d'argent
B ☐ permet aux individus d'exiger une action de l'État pour les garantir
C ☐ correspond à une liberté individuelle
D ☐ nécessite l'intervention de l'État
E ☐ est un droit de première génération

7 La Déclaration des droits de l'homme et du citoyen :

A ☐ fut adoptée en 1789
B ☐ fut adoptée en 1946
C ☐ a consacré le droit à la santé
D ☐ a consacré la liberté
E ☐ a consacré l'égalité

8 Le droit à la santé fut consacré par :

A ☐ la Déclaration des droits de l'homme et du citoyen de 1789
B ☐ le préambule de la Constitution de 1946
C ☐ la Déclaration universelle des droits de l'homme de 1948
D ☐ la Convention européenne des droits de l'homme de 1950
E ☐ la loi du 4 mars 2002

9 La Déclaration universelle des droits de l'homme :

A ☐ date de 1789
B ☐ date de 1948
C ☐ fut adoptée par l'ONU
D ☐ fut adoptée par l'OMS
E ☐ ne s'applique qu'aux États-Unis

Les droits de l'homme

10 La Convention internationale des droits de l'enfant fut signée :

A ☐ en 1975
B ☒ en 1986
C ☐ en 1989
D ☐ en 2000
E ☐ en 2002

Exo 08.02 QROC

1. Qu'est-ce que le « bloc de constitutionnalité » ?

2. Quel est le texte qui reconnait l'ensemble des droits des personnes âgées devenues handicapées ou dépendantes ?

3. Citer un exemple de droit affirmé par la Convention internationale des droits de l'enfant.

4. Qu'est-ce que l'*éthique* ?

5. De quand date la Charte de l'usager en santé mentale ?

Les droits des patients

QCM 09.01

1 La loi dite « Kouchner » relative aux droits des malades date de :

A ☐ 1991
B ☐ 1995
C ☐ 1998
D ☐ 2002
E ☐ 2011

2 L'ONIAM est chargé de :

A ☐ la vérification du bon respect des droits des patients
B ☐ l'actualisation de la réglementation concernant les droits des patients
C ☐ la procédure d'indemnisation des patients ayant subi un préjudice lié à un aléa thérapeutique
D ☐ la protection de la vie privée des patients
E ☐ la prise en charge de la douleur

3 Le sigle CLUD désigne :

A ☐ comité de lutte contre les discriminations
B ☐ conseil des libertés des usagers du département
C ☐ comité local des usagers et leurs droits
D ☐ centre local d'union départementale
E ☐ comité de lutte contre la douleur

4 Le consentement que le professionnel de santé doit recueillir chez le patient :

A ☐ doit être écrit
B ☐ doit être libre
C ☐ peut être retiré à tout moment
D ☐ est définitif
E ☐ doit être éclairé

Les droits des patients

5 L'information délivrée au patient doit :

A ☐ utiliser le vocabulaire médical exact
B ☐ être loyale
C ☐ porter sur les risques encourus
D ☐ être intelligible

6 L'information peut être transmise au patient :

A ☐ par courrier
B ☐ lors d'un entretien personnalisé
C ☐ par l'intermédiaire du livret d'accueil
D ☐ par l'intermédiaire de la Charte de la personne hospitalisée
E ☐ par l'intermédiaire du dossier médical

7 L'accès au dossier médical par le patient :

A ☐ est impossible en cas de grave maladie
B ☐ ne peut se faire que par l'intermédiaire de son médecin traitant
C ☐ peut se faire directement, en demandant une copie
D ☐ doit se demander par écrit
E ☐ se fera dans les trois mois de la demande

8 La curatelle est le régime de protection qui permet qu'une personne majeure :

A ☐ soit conseillée
B ☐ soit assistée dans les actes de la vie civile
C ☐ soit représentée de manière continue
D ☐ soit contrôlée dans les actes de la vie civile

Exo 09.02 QROC

1. Comment est garanti le droit à la confidentialité des patients ?
2. Qu'est-ce que la commission des usagers ?
3. Citer 4 exemples d'informations que le patient peut trouver dans le livret d'accueil remis lors de son admission.
4. Qu'est-ce que la « sectorisation » en soins psychiatriques ?

THÈME

10 L'exercice de la profession infirmière

UE 1.3

QCM 10.01

1 Un ordre professionnel est :

A ☐ un diplôme
B ☐ un organisme regroupant des professionnels
C ☐ une structure de formation
D ☐ le classement des étudiants lors du concours
E ☐ un mode de classement des dossiers médicaux

2 Les textes qui réglementent la profession infirmière sont :

A ☐ le décret du 16 février 1993
B ☐ le décret du 11 février 2002
C ☐ la loi du 4 mars 2002
D ☐ le décret du 29 juillet 2004
E ☐ le décret du 26 novembre 2016

3 Dans l'exercice de ses fonctions, un infirmier peut voir sa responsabilité engagée. Cela peut être :

A ☐ sa responsabilité civile
B ☐ sa responsabilité pénale
C ☐ sa responsabilité disciplinaire
D ☐ sa responsabilité déontologique
E ☐ sa responsabilité administrative

4 Le secret professionnel :

A ☐ ne s'impose qu'aux infirmiers diplômés d'État
B ☐ concerne toutes les informations qui parviennent à la connaissance de l'infirmier
C ☐ s'impose à tous les professionnels de santé
D ☐ s'impose également aux étudiants en soins infirmiers
E ☐ ne concerne que les confidences faites par le patient

5 Un infirmier qui viole le secret professionnel encourt :

A ☐ jusqu'à 6 mois d'emprisonnement
B ☐ jusqu'à 1 an d'emprisonnement
C ☐ jusqu'à 10 000 euros d'amende
D ☐ jusqu'à 15 000 euros d'amende
E ☐ une interdiction d'exercer

6 L'infirmier est autorisé à prescrire :

A ☐ des médicaments de confort seulement
B ☐ la pilule contraceptive
C ☐ des accessoires pour perfusion à domicile
D ☐ des médicaments contre la douleur
E ☐ des antibiotiques

7 La discrétion professionnelle :

A ☐ est le synonyme du secret professionnel
B ☐ ne concerne que les fonctionnaires
C ☐ oblige à modérer l'expression de ses opinions à l'égard de son employeur
D ☐ interdit de divulguer des informations concernant la vie interne de l'établissement

Exo 10.02 QROC

1. Quelles sont les dérogations au secret professionnel ?
2. Qu'appelle-t-on le « rôle propre » de l'infirmier ?
3. Qu'est-ce que le devoir de réserve ?
4. Dans quel cas la responsabilité pénale de l'infirmier peut-elle être engagée ?

11 Examen blanc

Exo 11.01 Compléter le tableau

Les principaux textes garantissant les droits de l'homme : compléter le tableau.

Textes	Pays concerné(s)	Date d'adoption
L'Acte d'Habéas Corpus	...	...
...	ONU	1948
Charte européenne des droits de l'enfant hospitalisé	...	...
Charte des droits et libertés de la personne âgée en situation de handicap ou de dépendance	...	...
Charte des droits et libertés de la personne accueillies en établissement social	...	...
Préambule de la Constitution de la IVe République	France	...
Magna Carta	...	...
Convention internationale des droits de l'enfant	...	...
Convention européenne des droits de l'homme	...	...
Déclaration des droits des personnes handicapées	...	...
Déclaration de Virginie	...	...
...	France	1958
Charte de l'usager en santé mentale	...	...
Bill of rights	...	...
Convention sur les droits de l'homme et la biomédecine	...	...
...	France	1789

Exo 11.02 QROC

1. Expliquer la marche à suivre pour obtenir une copie de son dossier médical.
2. Citer les trois caractéristiques des droits de l'homme.
3. Expliquer la différence entre les « normes » et les « valeurs ».
4. Citer les trois cas où le professionnel de santé ne sera pas sanctionné s'il n'informe pas son patient.
5. Citer quatre éléments présents dans un dossier médical.

6. Dans quels cas un seul certificat médical sera-t-il suffisant en cas d'hospitalisation sans le consentement d'un patient ?

7. Mise à part la tutelle, quels sont les deux autres régimes de protection des personnes présentant une incapacité ?

Exo 11.03 VRAI ou FAUX ?

Indiquer si les affirmations suivantes sont vraies ou fausses.

1. Si la responsabilité déontologique d'un(e) infirmier(e) est engagée, il ou elle peut être sanctionné(e) par le conseil régional de l'Ordre des infirmiers.
2. Un patient mécontent de son séjour dans un établissement de santé pourra l'exprimer dans le questionnaire de sortie.
3. Le *droit* est synonyme de la *morale*.
4. Si un patient estime que l'un de ses droits n'a pas été respecté, il peut se tourner vers la commission des usagers.
5. Un(e) infirmièr(e) est autorisé(e) à renouveler une prescription de pilule contraceptive.
6. La loi du 4 mars 2002 a consacré le droit à réparation des dommages liés aux soins.
7. Un patient peut décider de ne pas désigner de personne de confiance.
8. Les règles déontologiques qui encadrent la profession infirmière figurent dans le Code civil.
9. Un mineur peut désigner une personne de confiance.
10. Un établissement de santé doit obligatoirement posséder un CLUD.
11. L'information délivrée à un patient mineure doit être exactement identique à celle délivrée à ces parents.
12. Seuls les médecins sont obligés de souscrire une assurance pour garantir leur responsabilité.
13. Un patient hospitalisé sans son consentement peut saisir le juge aux affaires familiales.
14. Seule l'infirmier(e) diplômé(e) d'État est tenu(e) de respecter le secret professionnel.
15. Le principe de démocratie sanitaire a été introduit en 2002.

Corrigé à télécharger gratuitement sur www.editions-foucher.fr – rubrique DEI

12 Introduction à l'UE 2.1

➤ L'UE dans la formation des ESI

Cette UE pose les bases nécessaires à la compréhension de toutes les UE sciences biologiques et médicales. Elle sera un appui solide dans la compréhension des mécanismes physiologiques et physiopathologiques et permettra d'aborder plus précisément les éléments de pharmacodynamie et de pharmacocinétique. Cette UE vise à :
- comprendre les bases de l'organisation atomique et moléculaire du vivant ;
- préciser les rôles des différents constituants cellulaires ;
- décrire et comprendre la vie des cellules somatiques et germinales ;
- décrire et comprendre l'organisation des cellules en tissu.

➤ Conseils

L'investissement de travail dans cette UE permettra de faciliter les apprentissages dans les autres UE en posant des bases théoriques solides. Il est donc essentiel de la concevoir comme un outil important de formation et non comme UE à simplement valider ! La constitution de fiches sera encore une fois un outil précieux et pourra contenir l'organisation suivante :
- atomes et molécules du vivant (glucides, lipides...) ;
- l'organisation de la cellule eucaryote (sous la forme de schéma) ;
- la vie de la cellule (cycle cellulaire, mitose, méiose, échanges...) ;
- l'organisation tissulaire (sous la forme de schéma).

Ces fiches devront être constituées rapidement afin de faciliter la mémorisation mais aussi de devenir un véritable levier dans votre formation.

➤ L'épreuve

La réussite à l'épreuve dépendra du recul de révision accordé mais aussi du temps consacré à l'entraînement aux modalités de l'épreuve au sein de votre université. Il apparaît aujourd'hui que les QCM constituent les modalités choisies, au moins en partie, par toutes les universités : il sera donc essentiel de tester vos connaissances dans ce format particulier de questionnement. QROC et schémas à compléter sont aussi des modalités de questionnement auxquelles il faut vous préparer.

THÈME

13 Molécules du vivant

UE 2.1

QCM 13.01

1 Concernant les éléments minéraux du corps humain :

A ☒ le sodium est l'élément minéral le plus abondant dans le corps humain
B ☐ l'ion chlorure est le principal anion du milieu intracellulaire
C ☒ le calcium est principalement concentré dans le tissu osseux
D ☒ l'ion magnésium est un anion bivalent
E ☒ la kaliémie est la concentration de calcium dans le sang circulant

2 Concernant le rôle de l'eau :

A ☒ l'eau est la molécule la plus abondante du corps humain
B ☐ la molécule d'eau est une molécule non polaire
C ☒ l'eau est un solvant efficace des molécules polaires
D ☐ l'eau a un très fort pouvoir ionisant
E ☐ dans l'eau, les molécules hydrophobes vont s'agréger entre elles

3 Concernant les oses :

A ☐ un ose possède autant de fonctions alcool que d'atomes de carbone
B ☐ les oses sont des molécules hydrophobes
C ☐ le glucose et le fructose sont des isomères
D ☒ en solution aqueuse, un ose adopte une forme cyclique
E ☐ le galactose et le ribose sont des isomères

4 Concernant les polyholosides :

A ☐ le glycogène, l'amidon et la cellulose sont des polymères de glucose
B ☐ chez l'homme, le glycogène est stocké uniquement dans les cellules hépatiques
C ☒ l'amidon est la forme de stockage du glucose chez les plantes
D ☐ chez l'homme, la cellulose est dégradée au niveau de l'intestin grêle
E ☒ les amylases sont des enzymes capables de dégrader les molécules d'amidon

5 **Concernant les peptides et les protéines :**

A ☒ un peptide est un polymère d'acides aminés
B ☒ dans une protéine, les acides aminés sont liés par des liaisons peptidiques
C ☐ les amylases sont des enzymes capables de dégrader les protéines en acides aminés
D ☐ la forme que prend une protéine dans l'espace est induite par sa séquence en acides aminés
E ☒ une chaîne polypeptidique est terminée à ses deux extrémités par des groupements amines

6 **Concernant les acides aminés :**

A ☒ les acides animés diffèrent entre eux par la nature de leur chaîne latérale
B ☐ la glycine est un acide aminé dont la chaîne latérale porte une charge négative
C ☐ les aliments protidiques fournissent des acides aminés lors de la digestion
D ☐ tous les acides aminés sont synthétisés en quantité suffisante chez l'homme
E ☒ des acides animés peuvent être les précurseurs métaboliques d'hormones

7 **Concernant les acides gras :**

A ☐ l'acide oléique (formule C18:1) est un acide gras polyinsaturé
B ☒ l'acide linolénique (C18:3) est un acide tri-éthylénique
C ☐ l'acide palmitique (formule C16:0) est un acide gras « saturé »
D ☒ le carbone portant la fonction carboxylique d'un acide gras est appelé le carbone « oméga »
E ☐ les cellules humaines sont capables de synthétiser tous les acides gras dont elles ont besoin

8 Concernant les lipides :

A ☐ tous les lipides sont des molécules organiques insolubles dans l'eau

B ☐ une molécule de phospholipide est une molécule amphiphile (comportant une partie hydrophile et une partie hydrophobe)

C ☐ les triglycérides comportent 3 liaisons esters

D ☐ les triglycérides sont une importante forme de stockage de l'énergie

E ☐ l'oxydation des acides gras en CO_2 et en H_2O a lieu dans le cytosol des cellules

9 Concernant les acides gras indispensables :

A ☐ les cellules des animaux supérieurs sont capables de synthétiser l'acide linolénique (C18:3, oméga 3)

B ☐ l'acide linoléique (C18:2, oméga 6) est un acide gras indispensable

C ☐ les acides gras DHA (C22:6) et EPA (C20:5) sont des dérivés de l'acide linolénique

D ☐ les prostaglandines sont des molécules dérivées de l'acide linolénique

E ☐ l'aspirine est un activateur de la synthèse des prostaglandines

Exo 13.02

Associer ces hormones et neurotransmetteurs à leur précurseur acide aminé (si c'est le cas) :

1. Adrénaline
2. Cortisol
3. Acide gamma amino-butyrique (GABA)
4. Sérotonine
5. Testostérone
6. Hormone thyroïdienne (T3)
7. Dopamine

(*a*) Tryptophane

(*b*) Tyrosine

(*c*) Acide glutamique

(*d*) Le précurseur n'est pas un acide aminé

QCM 14.01

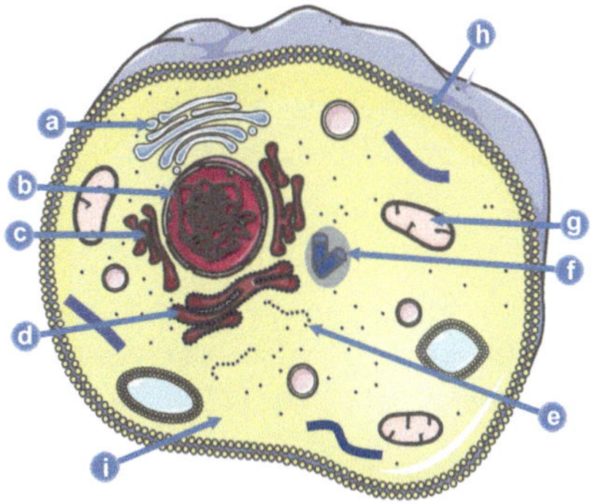

▶ **Figure 3.1 – Cellule eucaryote**

1 **D'après la figure 3.1 (cellule eucaryote), indiquez quelles sont les propositions vraies :**

A ☒ (c) est le réticulum endoplasmique, (e) sont les ribosomes, (d) est la réunion de (c) et (e) sous la forme du réticulum granuleux

B ☐ (b) désigne une mitochondrie, (a) est le réticulum endoplasmique lisse

C ☐ (g) est une mitochondrie, (h) est la membrane plasmique

D ☐ les membranes de (a), (c) et (h) sont constituées de bicouches phospholipidiques

E ☒ (b) est l'enveloppe nucléaire, (i) le cytoplasme

Biologie cellulaire

2 À propos de la figure 1 :

A ☐ (h) peut réaliser de l'exocytose, en relation avec (a)
B ☐ (e) peut se trouver associé à (c)
C ☐ (g) participe au système endomembranaire
D ☐ (b) contient le matériel génétique
E ☐ (i) est un gel dans lequel tous les autres éléments sont inclus

3 À propos du noyau :

A ☐ l'enveloppe qui l'entoure est une association de deux bicouches phospholipidiques
B ☐ la chromatine est le filament constitué d'ADN et de protéines
C ☐ le centrosome est le lieu de synthèse des ARN ribosomiques
D ☐ il n'y a pas d'éléments de communication entre le nucléoplasme et le cytoplasme
E ☐ la lamina nucléaire est une couche de protéines en réseau sous la membrane nucléaire interne qui donne sa forme au noyau

4 À propos de la membrane plasmique :

A ☐ la membrane est essentiellement constituée de protéines
B ☐ les lipides qui la composent sont hydrophobes
C ☐ les protéines transmembranaires peuvent laisser passer des ions
D ☐ on trouve des sucres des deux côtés de la membrane
E ☐ les ions traversent librement la membrane

5 À propos des échanges membranaires :

A ☐ une petite molécule hydrophile a besoin d'un transporteur ou d'un canal pour entrer dans la cellule
B ☐ une petite molécule hydrophobe a besoin d'un transporteur ou d'un canal pour entrer dans la cellule
C ☐ l'endocytose est un transport de molécule de l'intérieur vers l'extérieur de la cellule
D ☐ l'endocytose ne consomme par d'énergie
E ☐ un canal ionique peut laisser passer tous les types d'ions

6 **À propos de la mitochondrie :**

A ☐ la mitochondrie est délimitée par deux membranes plasmiques
B ☐ l'ATP synthase est une protéine de la matrice mitochondriale
C ☐ on trouve une concentration de protons H^+ plus élevée dans l'espace intermembranaire que dans la matrice mitochondriale
D ☐ la chaîne respiratoire est une succession de protéines enchâssées dans la membrane mitochondriale interne
E ☐ le cycle de Krebs est une structure mitochondriale de la membrane interne

7 **À propos de la communication cellulaire :**

A ☐ deux cellules peuvent être couplées par des jonctions communicantes
B ☐ la communication endocrine est réalisée par des neurotransmetteurs
C ☐ une hormone hydrosoluble se fixe sur un récepteur intracellulaire
D ☐ les hormones sont toutes des molécules hydrosolubles
E ☐ même les photons (de la lumière) peuvent activer des récepteurs membranaires

Exo 14.02

1. *Dans une cellule eucaryote* – Attribuer à chaque organite sa fonction principale :

1. Noyau
2. Mitochondrie
3. Cytosquelette
4. Membrane plasmique
5. Ribosome
6. Vésicule d'endocytose
7. REL
8. Lysosome

(*a*) Maintien des gradients ioniques vitaux
(*b*) Stockage du calcium et synthèse des lipides
(*c*) Production d'énergie
(*d*) Synthèse des protéines
(*e*) Stockage de l'information génétique
(*f*) Élimination des déchets
(*g*) Transport de macromolécules
(*h*) Structure et forme de la cellule

2. À *propos du cycle cellulaire* – Attribuer à chaque phase du cycle son rôle principal :

1. Phase M	(*a*) Réplication du matériel génétique
2. Phase I	(*b*) Préparation à la mitose
3. Phase S	(*c*) Succession des phases G1/S/G2
4. Phase G1	(*d*) Vie normale de la cellule
5. Phase G2	(*e*) Division de la cellule

3. Retrouver pour chaque étape de la mitose les éléments clés.

1. Prophase	(*a*) Séparation des chromatides et migration aux pôles
2. Métaphase	(*b*) Individualisation des deux cellules filles
3. Anaphase	(*c*) Disposition des chromosomes à l'équateur cellulaire
4. Télophase	(*d*) Disparition de l'enveloppe nucléaire et condensation de la chromatine
5. Cytodiérèse	(*e*) Reformation des enveloppes nucléaires et décondensation des chromosomes

QCM 15.01

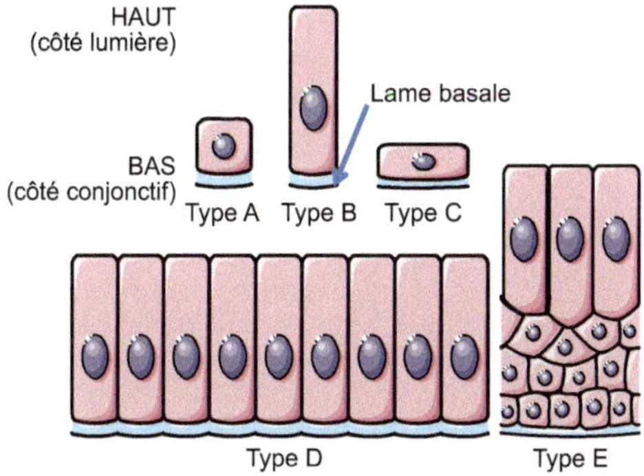

▶ **Figure 3.2 - Nomenclature des épithéliums**

1 À propos de la nomenclature des épithéliums (figure 3.2) :

A ☐ la cellule de type A est dite « pavimenteuse », la cellule de type B, « cylindrique »

B ☐ la cellule de type B est dite « cylindrique », la cellule de type C, « pavimenteuse »

C ☐ le type D correspond à un épithélium monostratifié cylindrique

D ☐ le type E est un exemple d'épithélium pseudostratifié

E ☐ des cellules du type C peuvent se trouver dans un épithélium de type E

2 À propos de la figure 3.2 :

A ☐ le bas est le pôle basal, le haut est le pôle tropical

B ☐ on peut trouver des vaisseaux sanguins dans le type E

C ☐ des microvillosités peuvent être présentes du côté conjonctif

D ☐ les jonctions communicantes sont plutôt présentes au pôle du haut

E ☐ les jonctions serrées (*tight junctions*) sont plutôt présentes au pôle du haut

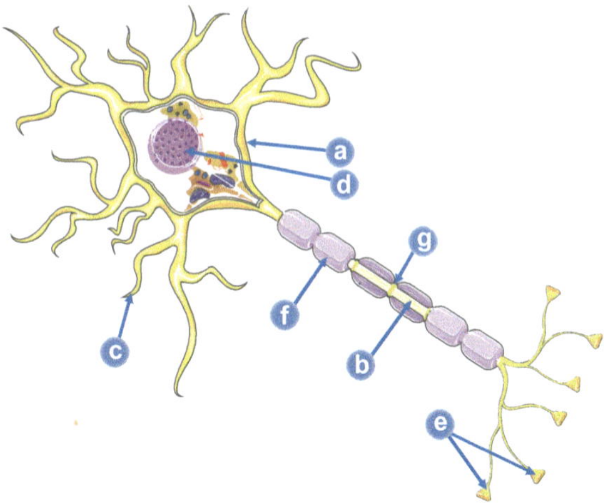

▶ **Figure 3.3 - Schéma du neurone**

3 À propos du neurone représenté dans la figure 3.3, retrouver la bonne légende :

A ☐ *a* : axone, *b* : soma, *c* : dendrites, *f* : terminaisons synaptiques
B ☐ *b* : axone, *c* : dendrites, *d* : noyau, *e* : terminaisons synaptiques
C ☐ *a* : soma, *b* : axone, *c* : neurones, *g* : gaine de myéline
D ☐ *a* : soma, *c* : dendrites, *g* : nœud de Ranvier, *f* : gaine de myéline
E ☐ *b* : nœud de Ranvier, *c* : dendrites, *d* : corps cellulaire, *e* : terminaisons synaptiques

4 À propos du schéma d'un neurone (figure 3.3) :

A ☐ ce neurone propage le potentiel d'action de manière continue
B ☐ ce neurone propage le potentiel d'action de manière saltatoire
C ☐ ce neurone peut propager le potentiel d'action de manière continue ou saltatoire
D ☐ la zone C peut être en contact avec une cellule musculaire
E ☐ la zone E peut être en contact avec une cellule musculaire

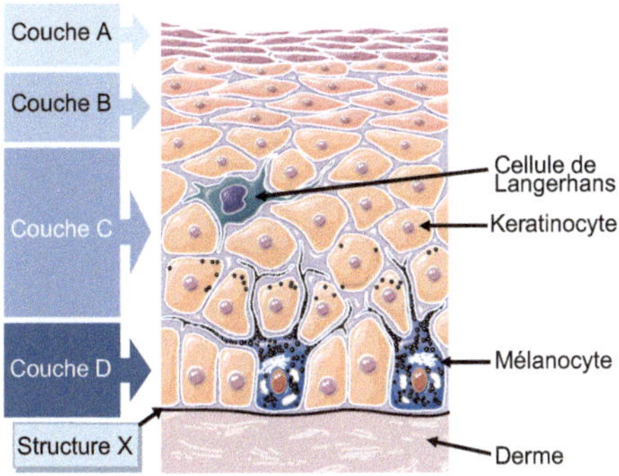

▶ **Figure 3.4**

5 À propos du tissu représenté figure 3.4 :

A ☐ c'est une représentation de l'épiderme
B ☐ la structure X est l'hypoderme
C ☐ la structure X est du côté apical
D ☐ l'épiderme est vascularisé
E ☐ la couche D est la couche des cellules souches

6 À propos de la figure 3.4 :

A ☐ la couche A contient des cellules en renouvellement
B ☐ la couche B contient des cellules qui fabriquent du collagène
C ☐ la couche C contient des cellules épineuses
D ☐ les cellules de Langerhans ont un rôle immunitaire
E ☐ les cellules de la couche A desquament

Exo 15.02

Attribuer à chaque tissu son rôle :

1. Tissu épithélial	(*a*) assure la commande du mouvement
2. Tissu nerveux	(*b*) soutient et protège les organes
3. Tissu conjonctif	(*c*) produit le mouvement
4. Tissu musculaire	(*d*) délimite le corps et tapisse les cavités internes

ÉVAL

16 Examen blanc

UE 2.1

QCM 16.01

1 Concernant les enzymes :

A ☐ les enzymes ont pour rôle d'accélérer la vitesse des réactions chimiques du métabolisme

B ☐ une enzyme n'est plus fonctionnelle quand la réaction est terminée

C ☐ il peut exister des enzymes sans composante protéique

D ☐ les coenzymes sont des molécules organiques qui dérivent souvent de vitamines

E ☐ certaines enzymes peuvent agir sans s'associer à leur substrat

2 Concernant les ARN :

A ☐ la thymine est une base azotée que l'on retrouve dans tous les ARN

B ☐ une molécule d'ARN messager est formée de deux brins complémentaires

C ☐ dans les conditions physiologiques, la molécule d'ARN est un polyanion

D ☐ les ARN messagers sont les ARN les plus abondants dans la cellule

E ☐ il existe une vingtaine d'ARN ribosomaux capables de fixer des acides aminés de manière spécifique

3 Concernant la molécule d'ADN :

A ☐ on appelle « molécule d'ADN » un brin polynucléotidique

B ☐ les deux brins d'ADN sont reliés entre eux par des liaisons de faible énergie

C ☐ la séparation des deux brins d'une molécule d'ADN s'appelle une « dénaturation » de la molécule

D ☐ concernant l'ADN, la dénaturation est un phénomène irréversible

E ☐ on ne trouve des molécules d'ADN que dans le noyau de la cellule

4 Concernant le cholestérol :

A ☐ les cellules d'un organisme humain ne peuvent pas synthétiser du cholestérol

B ☐ la présence de cholestérol est indispensable au bon fonctionnement des membranes de la cellule

C ☐ la fonction alcool de la molécule de cholestérol peut être estérifiée par un acide gras

D ☐ l'adrénaline est une hormone dérivée du cholestérol

E ☐ le cholestérol en excès est éliminé par le foie sous forme d'acides biliaires

5 À propos des différentes catégories de cellules :

A ☐ une cellule procaryote peut contenir des mitochondries

B ☐ les virus sont des organismes vivants autonomes

C ☐ les cellules des végétaux chlorophylliens sont des cellules eucaryotes

D ☐ les cellules procaryotes ne contiennent pas d'ADN

E ☐ les cellules eucaryotes ont un noyau

6 À propos du cycle cellulaire :

A ☐ l'enchaînement chronologique des phases du cycle est G_2/M/S/G_1

B ☐ l'interphase est constituée de l'intervalle entre la naissance d'une cellule et le moment où elle entre en division

C ☐ une cellule qui ne se divise plus entre en phase G_0, la phase de quiescence

D ☐ la phase G_2 est généralement la plus longue du cycle

E ☐ certaines cellules à renouvellement rapide peuvent ne pas subir de phase S

7 Au cours de la phase G_1 du cycle cellulaire, une cellule peut :

A ☐ augmenter sa quantité d'ADN

B ☐ répliquer son matériel génétique

C ☐ synthétiser des protéines

D ☐ synthétiser des ARN

E ☐ utiliser ses ribosomes

Examen blanc

8 Au cours de la phase S du cycle cellulaire, une cellule peut :

A ☐ augmenter sa quantité d'ADN
B ☐ répliquer son matériel génétique
C ☐ synthétiser des protéines
D ☐ synthétiser des ARN
E ☐ utiliser ses ribosomes

9 À propos de la mitose :

A ☐ l'ordre chronologique des phases est *prophase – métaphase – anaphase – télophase – cytodiérèse*
B ☐ l'ordre chronologique des phases est *prophase – métaphase – télophase – cytodiérèse – anaphase*
C ☐ l'enveloppe du noyau disparait pendant la mitose
D ☐ la mitose est un mode de reproduction conforme : le même matériel génétique est transmis aux deux cellules filles, sans brassage
E ☐ les deux cellules filles peuvent recevoir un nombre de chromosomes différent

10 À propos des gradients ioniques vitaux :

A ☐ toutes les cellules ont un potentiel membranaire de repos, résultant des gradients ioniques de part et d'autre de la membrane plasmique
B ☐ la pompe Na/K-ATPase permet de faire sortir 3 ions sodium pendant que 2 ions potassium entrent dans la cellule
C ☐ la pompe Na/K-ATPase consomme énormément d'énergie pour maintenir ces gradients de sodium et de potassium
D ☐ il y a plus de potassium à l'intérieur de la cellule qu'à l'extérieur
E ☐ il y a moins de sodium à l'intérieur de la cellule qu'à l'extérieur

11 Une glande endocrine peut avoir pour fonction :

A ☐ la libération dans le sang de substances qui agissent sur le fonctionnement de certains organes
B ☐ la sécrétion de sébum
C ☐ l'excrétion de sucs
D ☐ la sécrétion d'hormones
E ☐ la production de peptides

Corrigé à télécharger gratuitement sur www.editions-foucher.fr – rubrique DEI

17 Introduction à l'UE 2.2

➤ Objectifs de l'UE 2.2

• Développer une vision intégrée du fonctionnement de l'organisme permettant d'en déduire les effets de certaines perturbations sur l'équilibre interne.
• Décrire les niveaux d'organisation de l'être humain et leurs relations.
• Montrer comment les grandes fonctions de l'organisme répondent aux besoins biologiques de maintien de la vie.
• Décrire la santé à travers les cycles de la vie et le développement de l'être humain.
• Explorer la signification des transitions que vivent les individus au cours de leur croissance et évolution.
Ces objectifs sont ambitieux, car au-delà des simples notions d'anatomie et de physiologie, c'est une vision intégré du vivant qui est l'objectif principale de cette UE. Ce qui, en S1, demande beaucoup de travail à l'étudiant pour atteindre l'objectif.

➤ Enjeu de l'UE

Si les objectifs de cette UE sont ambitieux, les connaissances à acquérir sont vastes. Elle est l'une des plus importantes du cursus en soins infirmiers selon le nouveau référentiel. Elle mériterait d'être répartie sur deux semestres. C'est certainement l'une des UE les plus contraignantes, qui demande énormément de travail personnel à l'étudiant. Elle lui donne les bases pour la compréhension du vivant, son métier, et lui permet de comprendre l'interdépendance et les interactions des systèmes et des appareils. La maîtrise de ces connaissances est pour l'ESI le seul moyen de faire des liens entre les grandes fonctions. Ultérieurement, elle lui permettra de comprendre les manifestations des pathologies organiques. Plus simplement, elle est indispensable à la bonne réalisation des gestes techniques qui est le quotidien du soignant prise de sang, de tension, dosage de la glycémie chez le diabétique, *etc.* Cette UE représente le cœur du métier de l'infirmier(e).
Les QCM et QROC permettront à l'ESI en cours de semestre, de contrôler ses connaissances au fur et à mesure des enseignements. Puis ils seront un outil précieux lors des révisions grâce aux commentaires qui accompagnent les corrigés.
Bon travail.

THÈME

18 Le génome et les maladies héréditaires

UE 2.2

QCM 18.01

1 À propos du cycle cellulaire :

A ☐ pendant la phase S du cycle cellulaire, la quantité d'ADN dans la cellule est divisée par 2

B ☒ l'enchaînement des phases du cycle cellulaire normal est chronologiquement G_1, S, G_2, M

C ☐ pendant la phase M du cycle cellulaire, la cellule duplique son matériel génétique

D ☐ pendant la phase M du cycle cellulaire, les chromatides des chromosomes se séparent

E ☒ pendant la phase G_1 du cycle cellulaire, la quantité d'ADN dans la cellule ne varie pas

2 À propos de la structure de l'ADN :

A ☐ un brin d'ADN est constitué d'un enchaînement de nucléotides liés par des liaisons covalentes

B ☐ par complémentarité des bases, si on a une base A sur un brin, le brin opposé présente un C

C ☒ par complémentarité des bases, si on a une base A sur un brin, le brin opposé présente un T

D ☒ les 2 brins de l'ADN sont orientés dans le même sens

3 À propos du génome humain :

A ☐ le génome humain comporte le génome nucléaire, mais aussi le génome mitochondrial

B ☒ le génome humain est constitué en majorité d'ADN codant

C ☐ le nombre total de gènes d'une cellule humaine est d'environ 250 000

D ☒ dans l'espèce humaine, il existe une variabilité naturelle du nombre de chromosomes

E ☒ dans l'espèce humaine, un même gène peut porter le code pour des protéines différentes

4 Le code génétique :

A ☐ est redondant parce qu'il est le même chez la levure ou chez l'homme

B ☐ est universel car il est le même chez la levure, le rosier ou l'homme

C ☒ est dégénéré car un même codon peut coder plusieurs acides aminés différents

D ☐ est dégénéré parce qu'il existe souvent plusieurs codons différents pour coder un même acide aminé

E ☒ possède deux codons de démarrage de la traduction

5 À propos de l'expression du patrimoine génétique :

A ☒ lors de la transcription, n'importe lequel des deux brins d'ADN d'un gène donné peut être utilisé pour former un ARN pré-messager

B ☐ la transcription et la traduction sont deux étapes de l'expression génique qui ont lieu dans le noyau des cellules

C ☒ le contenu en protéines d'une cellule ne dépend pas du patrimoine génétique de cette cellule

D ☐ le pré-ARN messager formé lors de la transcription peut subir des étapes de maturation et donc être à l'origine de plusieurs protéines différentes

E ☒ le ribosome peut démarrer la traduction de l'ARN messager à partir de n'importe quel codon

6 À propos de la méiose :

A ☒ la méiose est une succession de 2 divisions cellulaires qui réduit le nombre de chromosomes dans les cellules divisées

B ☐ la première étape de la méiose est dite « équationnelle »

C ☒ la méiose peut se produire dans n'importe quel type de cellule

D ☐ les cellules germinales, qui subissent la méiose, se trouvent nichées dans les principaux organes du corps

E ☒ la deuxième division de méiose ressemble à une mitose

7 À propos du brassage de l'information génétique pendant la méiose :

A ☐ la recombinaison méiotique est l'échange de brins d'ADN entre deux chromosomes d'une même paire

B ☐ le brassage inter-chromosomique est la répartition des chromosomes homologues dans les deux cellules filles pendant l'anaphase I

C ☑ pendant la 1re division de méiose, les chromatides des chromosomes se séparent au hasard et indépendamment les unes des autres

D ☐ la première division de méiose est dite réductionnelle car la quantité de chromosomes dans les cellules est divisée par 2

E ☐ le *crossing-over*, ou recombinaison méiotique, peut donner lieu à la formation de nouvelles combinaisons d'allèles sur les chromosomes à l'issue de la méiose

8 À propos des mutations de l'ADN :

A ☐ deux allèles sont des versions alternatives d'un même gène : leur séquence nucléotidique est différente

B ☐ une mutation qui ajoute un nucléotide à une séquence d'ADN est une substitution ponctuelle

C ☐ une substitution d'un nucléotide peut causer un décalage du cadre de lecture de la protéine

D ☐ une mutation qui remplace un nucléotide est une insertion

E ☐ une délétion ponctuelle dans un intron peut causer un décalage du cadre de lecture de la protéine

9 À propos des mutations de l'ADN :

A ☐ les mutations de type « faux-sens » ont théoriquement pour effet le remplacement d'un acide-aminé par un autre au niveau de la protéine codée

B ☐ les mutations de type « non-sens » ont théoriquement pour effet le remplacement d'un acide-aminé par un autre au niveau de la protéine codée

C ☐ la conséquence des insertions et/ou délétions ponctuelles de nucléotides dans le cadre de lecture ont toujours pour effet de décaler ce cadre

D ☐ les mutations de type « faux-sens » sont toujours pathogènes

E ☐ les mutations de type « non-sens » peuvent conduire à la synthèse d'une protéine tronquée

10 À propos de l'hérédité autosomique dominante :

A ☐ un individu de phénotype sain peut transmettre la maladie
B ☐ un individu malade possède au moins un allèle muté
C ☐ les individus hétérozygotes et homozygotes pour la mutation ont le même phénotype
D ☐ la transmission dépend fortement du sexe de l'individu
E ☐ le phénotype d'un individu hétérozygote est le même que celui d'un homozygote sain

11 À propos de l'hérédité autosomique récessive :

A ☐ un porteur sain peut développer la maladie
B ☐ un individu sain ne peut pas transmettre d'allèle muté
C ☐ un individu malade peut transmettre un allèle non muté
D ☐ un individu malade transmet forcément un allèle muté
E ☐ deux parents sains peuvent avoir un enfant malade

12 À propos de l'hérédité autosomique récessive :

A ☐ un homme et une femme tous deux de phénotype sain ne peuvent pas avoir d'enfant atteint
B ☐ le risque qu'un individu hétérozygote pour l'allèle muté transmette la mutation est de 50 %
C ☐ un porteur sain et un individu non muté n'ont aucun risque d'avoir un enfant malade
D ☐ deux porteurs sains ont un risque de 50 % d'avoir un enfant malade
E ☐ deux porteurs sains ont un risque de 25 % d'avoir un enfant malade

13 À propos de l'hérédité liée au chromosome X :

A ☐ un homme atteint peut transmettre la mutation à son fils
B ☐ les filles ne présentent jamais (ou très rarement) le phénotype atteint
C ☐ un homme atteint transmet la mutation à toutes ses filles
D ☐ une fille vectrice a toujours un parent malade
E ☐ une femme de phénotype sain peut avoir des enfants malades

THÈME 19 Anatomie générale et plans d'organisation de l'organisme

UE 2.2

QCM 19.01

1 À propos des atomes :

A ☐ les types d'atomes des molécules du corps humain montrent des dosages homogènes

B ☐ on distingue les macroéléments majeurs, les macroéléments mineurs, les oligoéléments et les microéléments par leur importance dans le fonctionnement du corps humain

C ☐ les atomes peuvent être liés par des liaisons covalentes, des liaisons ioniques, des liaisons hydrogènes ou des liaisons de Van der Waals

D ☐ la liaison hydrogène est la plus forte des liaisons interatomiques

E ☐ la liaison covalente se fait par un partage d'un électron

2 À propos des cellules humaines :

A ☐ le nombre de cellules humaines dans le corps est croissant tout au long de la vie

B ☐ les cellules présentes dans le corps ne sont que des cellules humaines

C ☐ la taille moyenne d'une cellule humaine est de 20 µm

D ☐ les cellules humaines sont capables de vivre *in vitro* détachées du reste du corps humain à condition d'être alimentées spécifiquement

E ☐ les procaryotes humaines sont massivement multipliées par des mitoses successives

3 À propos des tissus cellulaires :

A ☐ les tissus cellulaires se décomposent en 3 catégories : tissu épithélial, tissu conjonctif et tissu musculaire

B ☐ un tissu épithélial n'a pas d'autre fonction que de recouvrir les organes et protéger la surface

C ☐ la graisse est un type de tissu épithélial

D ☐ le tissu musculaire est le seul tissu que l'on peut exciter

E ☐ Le tendon qui relie les muscles du corps humain est tissu conjonctif dense

4 À propos du niveau d'organisation de type système :

A ☐ on distingue une vingtaine de types d'appareils organiques
B ☐ un système est un ensemble d'organes assurant une même mission physiologique
C ☐ les appareils reproducteurs sont localisés dans la partie frontale dorsale de l'Homme
D ☐ le système nerveux est localisé dorsalement dans le corps humain
E ☐ le système endocrinien est réparti dans l'ensemble des territoires de l'organisme humain

5 À propos de la position standard de référence :

A ☐ la position de référence peut être assise ou debout selon la demande du praticien
B ☐ les mains sont posées sur le flan des cuisses dans la phase de repos
C ☐ lorsque les pouces sont tournés vers l'intérieur avec les paumes vers le bas ou vers l'arrière, les avant-bras sont en pronation
D ☐ les organes génitaux des deux genres peuvent être érigés ou non dans la position de référence
E ☐ les talons doivent être décollés du sol pour montrer les muscles des jambes

6 À propos des plans de coupes du corps humain :

A ☐ le plan transversal découpe le corps de manière à séparer le corps en deux parties haut et bas
B ☐ le plan transversal est perpendiculaire au plan sagittal
C ☐ le plan frontal peut être aussi appelé le plan coronal
D ☐ la coupe parafrontale n'existe pas car il n'y pas de symétrie possible dans la coupe frontale.
E ☐ l'axe antéropostérieur est la ligne de croisement entre le plan frontal et le plan sagittal

Exo 19.02 QROC

1. Nommer les grandes cavités du corps humain.
2. Rappeler les 11 systèmes ou appareils du corps humain.

THÈME

20 Fonctions de communication

UE 2.2

QCM 20.01

➤ **Système nerveux**

1 Concernant l'anatomie du système nerveux central :

A ☒ la substance grise est formée par les axones myélinisés des neurones

B ☐ au niveau de la mœlle épinière, les corps cellulaires des neurones sont groupés autour du canal central

C ☐ le cervelet est situé en arrière du tronc cérébral

D ☐ le premier et le second ventricules sont les ventricules latéraux

E ☐ les deux hémisphères cérébraux ne sont pas reliés entre eux

2 Concernant les annexes du système nerveux central :

A ☐ l'encéphale est la seule partie du SNC à être entourée de méninges

B ☐ la dure-mère est au contact direct du tissu nerveux

C ☐ le liquide céphalo-rachidien circule entre les os crâniens et la dure-mère

D ☐ les plexus choroïdes sécrètent le LCR

E ☐ des cellules épendymaires tapissent la paroi des ventricules

3 Concernant les cellules du tissu nerveux :

A ☐ les cellules gliales sont des cellules excitables

B ☐ dans l'encéphale, les astrocytes sont les cellules les plus nombreuses

C ☐ les neurones sont en contact étroit avec les cellules endothéliales des capillaires

D ☐ la gaine de myéline entoure le corps cellulaire des neurones

E ☐ les cellules microgliales jouent un rôle de protection immunitaire

4 **Concernant les synapses :**

A ☐ un neurone ne peut posséder qu'une seule synapse au niveau de ses dendrites

B ☐ une synapse située au niveau des dendrites ne peut recevoir que des potentiels post-synaptiques excitateurs

C ☐ au niveau du bouton pré-synaptique, l'arrivée d'un potentiel d'action entraîne la sécrétion d'un neurotransmetteur dans la fente synaptique

D ☐ un potentiel post-synaptique excitateur génère une hyperpolarisation au niveau du bouton post-synaptique

E ☐ la nature du neurotransmetteur présent dans une synapse commande la nature excitatrice ou inhibitrice du potentiel post-synaptique

5 **À propos du schéma suivant illustrant le potentiel d'action :**

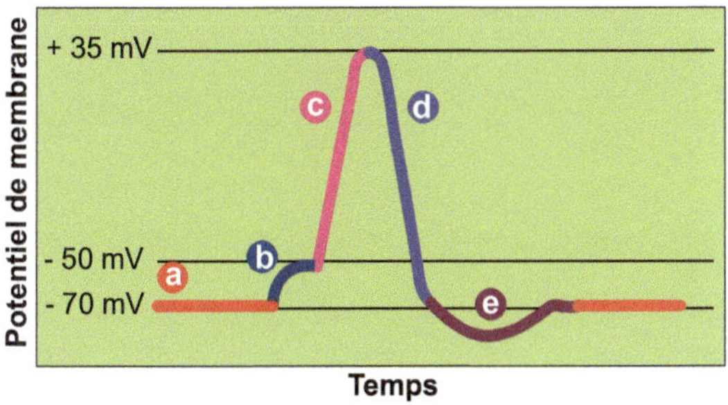

A ☐ le potentiel de membrane observé pendant la phase A est appelé « potentiel de repos »

B ☐ les phases B et C correspondent à l'ouverture des canaux sodium

C ☐ pendant la phase D, les canaux potassium sont fermés.

D ☐ pendant la phase E la pompe sodium-potassium fait sortir du potassium

E ☐ pendant la phase E l'axone est réfractaire à une nouvelle stimulation

Endocrinologie

6 L'insuline est une hormone :

A ☐ hypercalcémiante
B ☐ hyperglycémiante
C ☐ hypoglycémiante
D ☐ hypocalcémiante
E ☐ hyperglycémiante et hypercalcémiante

7 Le glucagon est une hormone :

A ☐ hypercalcémiante
B ☐ hyperglycémiante
C ☐ hypoglycémiante
D ☐ hypocalcémiante
E ☐ hyperglycémiante et hypercalcémiante

8 La parathormone est une hormone :

A ☐ hypercalcémiante
B ☐ hyperglycémiante
C ☐ hypoglycémiante
D ☐ hypocalcémiante
E ☐ hypercalcémiante et hyperglycémiante

9 La calcitonine est une hormone :

A ☐ hypercalcémiante
B ☐ hyperglycémiante
C ☐ hypoglycémiante
D ☐ hypocalcémiante
E ☐ hypocalcémiante et hypoglycémiante

10 Parmi les hormones suivantes, lesquelles sont sécrétées par l'antéhypophyse ?

A ☐ l'hormone antidiurétique (ou ADH)
B ☐ l'hormone de croissance (ou GH)
C ☐ la thyréotrophine (ou TSH)
D ☐ les gonadotrophines (ou FSH et LH)
E ☐ l'ocytocine

11 La corticosurrénale comprend :

A ☐ la zone glomérulée qui sécrète les minéralocorticoïdes dont l'aldostérone
B ☐ la zone glomérulée qui sécrète les minéralocorticoïdes dont les androgènes
C ☐ la zone fasciculée qui sécrète les glucocorticoïdes dont le cortisol
D ☐ la zone réticulée qui sécrète les minéralocorticoïdes dont l'aldostérone
E ☐ la zone réticulée qui sécrète des œstrogènes

12 Le cortisol est une hormone ayant des propriétés :

A ☐ hypertensive
B ☐ hypoglycémiante
C ☐ anti-inflammatoire
D ☐ hydrophile
E ☐ hyperglycémiante

13 La médullosurrénale :

A ☐ secrète l'adrénaline et la noradrénaline
B ☐ secrète l'adrénaline, la noradrénaline et la dopamine
C ☐ a pour principaux stimuli le stress et l'effort physiques
D ☐ est sous contrôle du système sympathique
E ☐ sécrète des hormones qui entraînent l'accélération du rythme cardiaque et élévation de la TA

14 Les hormones secrétées par l'adénohypophyse sont :

A ☐ l'hormone de croissance
B ☐ l'ocytocine
C ☐ la vasopressine
D ☐ l'ACTH
E ☐ FSH et LSH

Fonctions de communication

15 Signes cliniques de l'hypothyroïdie :

A ☐ asthénie
B ☐ tachycardie
C ☐ exophtalmie
D ☐ frilosité
E ☐ diarrhée

16 Signes cliniques de l'hyperthyroïdie :

A ☐ hyperactivité psychique
B ☐ constipation
C ☐ bradycardie
D ☐ goitre
E ☐ amaigrissement

17 Les hormones sécrétées par la posthypophyse sont :

A ☐ la vasopressine
B ☐ la mélatonine
C ☐ l'ADH
D ☐ la prolactine
E ☐ l'ocytocine

Exo 20.02 QROC

1. Quel est le rôle de la calcitonine et quelles sont les organes cibles ?

2. Comparer *hormones* et *neuromédiateurs.*

3. Pourquoi dit-on que l'EPO est une hormone et un facteur de croissance ?

4. Pourquoi le dosage de TSH est un bon test de dépistage des dysfonctionnements de la thyroïde ?

5. Expliquer la régulation de l'adénohypophyse.

6. Placer les structures anatomiques suivantes dans le schéma : *aire corticale motrice – cortex pariétal – hypothalamus – aire corticale prémotrice – cortex préfrontal – scissure de Rollando – cervelet – cortex temporal – scissure de Sylvius – corps calleux – gyrus cingulaire – thalamus – cortex occipital – hypophyse – tronc cérébral.*

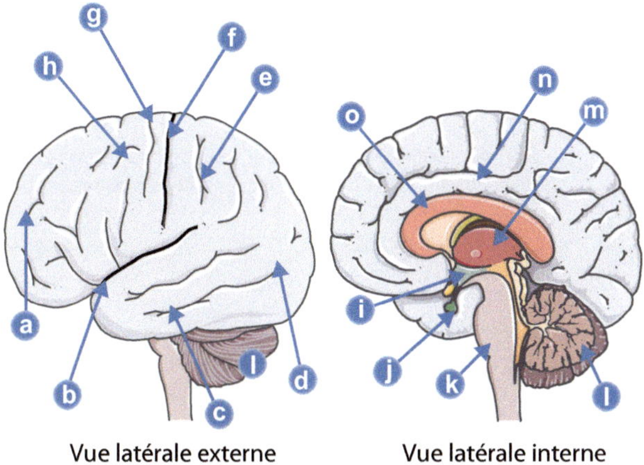

► **Schéma anatomie hémisphère cérébral**

THÈME 21 Physiologie sensorielle

UE 2.2

QCM 21.01

1 À propos de la peau :

A ☐ la peau est un tissu épithélial, l'épiderme, sous-tendu par un tissu conjonctif, le derme
B ☐ les glandes sébacées sont chargées de sécréter la sueur
C ☐ la kératine est la principale protéine des phanères
D ☐ entre autres rôles, la peau est un régulateur thermique majeur de l'organisme
E ☐ les différents corpuscules sensoriels de la peau sont situés dans l'épiderme

2 À propos de la somesthésie et de la nociception :

A ☐ tous les récepteurs sensitifs du toucher ont des terminaisons dendritiques libres
B ☐ les récepteurs sensitifs de la douleur ont des terminaisons dendritiques libres
C ☐ douleur et toucher sont traités par le même type de neurones
D ☐ les neurones sensitifs somesthésiques sont équitablement répartis à la surface du corps
E ☐ la surface des aires corticales somesthésiques est proportionnelle à la densité des récepteurs sensitifs cutanés

3 À propos de la gustation :

A ☐ les récepteurs gustatifs sont classiquement organisés en 5 grands groupes
B ☐ les cellules gustatives ont une durée de vie limitée et se renouvellent régulièrement
C ☐ tous les types de récepteurs sont présents dans une papille gustative
D ☐ la langue possède plusieurs millions de récepteurs gustatifs
E ☐ le goût dépend uniquement des stimulations des papilles gustatives

4 À propos de l'olfaction :

A ☐ l'épithélium olfactif comprend des neurones ciliés au contact de l'air
B ☐ les neurones olfactifs sont incapables de se renouveler et constituent donc un réservoir limité
C ☐ les récepteurs protéiques aux odorants sont couplés aux protéines G
D ☐ les récepteurs olfactifs sont des canaux ioniques
E ☐ les axones des neurones olfactifs se projettent sur des neurones du bulbe olfactif

5 À propos de l'audition et de l'équilibre :

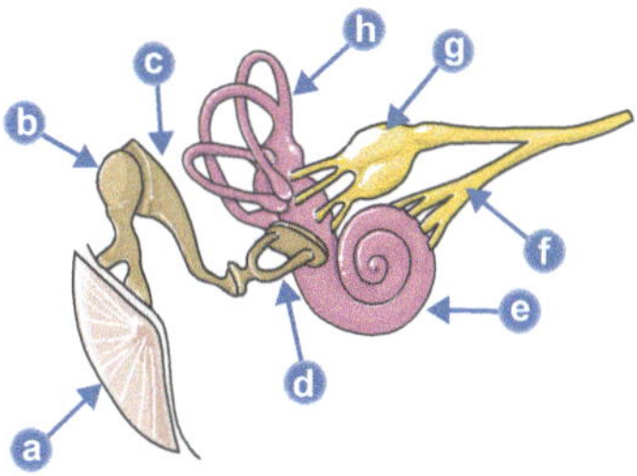

A ☐ ce schéma représente l'oreille externe
B ☐ *(b)* est l'enclume, *(c)* est l'étrier, *(d)* est le marteau
C ☐ *(e)* est l'escargot, *(g)* est le limaçon
D ☐ *(h)* est l'appareil vestibulaire
E ☐ *(f)* et *(g)* sont deux nerfs ayant des fonctions différentes

6 À propos de la vision :

A ☐ les photons sont captés dans la couche profonde de la rétine
B ☐ le nerf optique prend naissance dans la couche profonde de la rétine
C ☐ les cônes sont les cellules photosensibles les plus nombreuses
D ☐ les bâtonnets sont responsables de la vision diurne, les cônes du noir et blanc
E ☐ le signal photo-induit est modulé par plusieurs neurones avant de générer les potentiels d'action

THÈME 22 Motricité

UE 2.2

QCM 22.01

1 Le système locomoteur est organisé autour d'un squelette :

A ☐ le squelette ne sert que pour la structure du corps où sont fixés les muscles et la protection des organes internes

B ☐ la charpente est basée sur un axe central unique qui porte des os céphaliques, rachidiens et les côtes

C ☐ le squelette n'est composé que de matière osseuse

D ☐ la partie appendiculaire du squelette comporte soit un os du bras, de l'avant-bras et de la main ; soit la cuisse, la jambe et le pied

E ☐ le squelette ne contient que des os qui servent pour l'établissement d'un mouvement locomoteur du corps humain

2 À propos des mouvements et du tonus musculaire – Le système locomoteur permet de générer des mouvements des parties du corps :

A ☐ les muscles sont reliés aux os par des ligaments osseux

B ☐ le système locomoteur ne fonctionne qu'en utilisant des os et des muscles

C ☐ l'énergie biochimique obtenue par oxydation du glucose se transforme en énergie mécanique déclenchant la mobilité

D ☐ le contrôle du système musculaire dans le maintien de l'équilibre est notamment assuré par un mécanisme réflexe

E ☐ le tonus musculaire permet de s'opposer à l'effet de la gravité par une tension permanente

3 À propos de l'axe du squelette :

A ☐ les os du crâne sont tous des os de la face

B ☐ tous les os céphaliques sont en contact avec un muscle qui le mobilise

C ☐ les os du crâne sont en contact par des articulations immobiles comme les sutures entre les os pariétaux.

D ☐ les os de la mandibule peuvent modifier leur forme en fonction du dosage hormonal ce qui masculinise la mâchoire

E ☐ l'axe de la colonne vertébrale comprend 3 courbures : dorsale, lombaire, sacrée

4 À propos des vertèbres qui forment le pilier du squelette :

A ☐ elles possèdent des foramens transverses pour laisser passer les artères vertébrales

B ☐ toutes les vertèbres dorsales touchent une cote thoracique

C ☐ le trou vertébral qui forme un canal pour la moelle épinière est formé par l'arc vertébral antérieur

D ☐ les vertèbres sont intercalées par des disques intervertébraux composés de cartilage

E ☐ toutes les vertèbres ont un corps vertébral qui supporte la masse de l'organisme

5 À propos des éléments du squelette appendiculaire :

A ☐ le poignet formant la paume de la main est composé de 3 rangées d'os : 2 rangées carpiennes et la rangée métacarpienne

B ☐ l'avant-bras stoppe sa course vers l'arrière au cours de l'extension postérieur par l'olécrane ulnaire

C ☐ le mouvement de pronation- supination est assuré par la rotation de la tête proximale du radius sur l'humérus

D ☐ en position standard de référence du corps, le pouce est orienté de façon latérale et le radius est proximal

E ☐ l'astragale, ou talus, est l'os qui repose sur le sol lors de la marche

6 À propos de la restructuration progressive des tissus osseux :

A ☐ les ostéoclastes sont responsables de la construction des lamelles osseuses des systèmes de havers

B ☐ un os long est composé d'os compact, d'os spongieux et de cavité qui abrite de la moelle osseuse

C ☐ les articulations se forment sur les diaphyses osseuses recouvertes de cartilage

D ☐ les hormones de type GH et hormone sexuelle sont stimulatrices de l'ostéogénèse par une activation des ostéoclastes

E ☐ la PTH parathormone est la seule hormone hypocalcémiante par action direct de la matrice osseuse

7 À propos de la physiologie des fibres musculaires :

A ☐ les fibres musculaires sont des cellules plurinucléées qui se contractent par un raccourcissement des sarcomères

B ☐ certains muscles sont responsables de mouvements du squelette par traction sur les tendons

C ☐ les contractions isométriques et isotoniques sont des mécanismes de mise en mouvement des os par la cellule contractile

D ☐ les fibres musculaires comportent 3 catégories : muscle strié squelettique, muscle strié cardiaque, muscle lisse

E ☐ les muscles sont subdivisés en sous-parties : les faisceaux qui sont entourés chacun de l'épimysium

Exo 22.02 QROC

1. Décrire le cheminement du message lors du processus réflexe achilléen.

2. Indiquer 5 types de mouvements permis par les articulations différentes et donner des exemples.

3. Citer 5 muscles qui actionnent la mobilité du membre antérieur et expliquer leurs actions.

4. Expliquer quels sont les effets de l'échauffement sur le fonctionnement musculaire.

23 Nutrition

QCM 23.01

1 À propos du passage des aliments dans la cavité buccale :

A ☐ la nourriture est poussée par la langue et les joues sous les dents qui assurent l'écrasement des aliments

B ☐ la bouche est terminée par deux orifices l'isthme du gosier et les choanes qui évacuent les denrées alimentaires

C ☐ le palais est rigide sur toute sa longueur pour séparer la cavité buccale de la cavité nasale

D ☐ les dents sont au nombre de 34 dans la bouche après renouvellement des dents de lait

E ☐ la racine des dents est la seule partie en contact avec les gencives

2 À propos de la langue :

A ☐ la langue n'est composée que d'un seul muscle lingual qui bouge dans tous les sens et qui est inséré sur le voile cutané mandibulaire

B ☐ la langue sert seulement pour la mastication et la déglutition

C ☐ la langue est dotée de tissus récepteurs de surface qui détectent les saveurs des particules chimiques de la nourriture

D ☐ la langue est sectorisée pour la perception des saveurs : la pointe pour le sucré, les flans pour l'acide notamment

E ☐ le contrôle nerveux moteur de la langue est assuré par le nerf glossopharyngien ou nerf IX

3 À propos des aliments :

A ☐ ils portent tous la même qualité nutritionnelle : en protéine, en lipides, ou en glucides

B ☐ une alimentation équilibrée comprendra une majorité de protéines, puis moins de sucres et encore moins de lipides

C ☐ l'ensemble de tous les acides aminés sont présents dans chaque aliment protéiné

D ☐ les besoins énergétiques d'un individu vieillissant sont constamment décroissants avec l'âge

E ☐ l'apport d'eau n'est effectuée que par la boisson, d'où la nécessité de boire au moins 1,5 L d'eau par jour

4 À propos des sécrétions gastriques :

A ☐ elles se forment au détriment d'une acidification du sang en périphérie de l'estomac

B ☐ elles comportent des libérations d'acides qui sont nécessaire à l'activation de certaines enzymes

C ☐ elles sont produites par des cellules épithéliales logées dans des cryptes de l'épithélium du cardia

D ☐ elles conduisent à acidification du bol alimentaire à un pH de 2 à 3

E ☐ la pepsine permet une dégradation enzymatique essentiellement orientée sur les lipides du bol alimentaire ingéré

5 À propos du tube digestif et de ses annexes :

A ☐ le foie libère directement de la bile

B ☐ le tube digestif a dû modifier son épithélium dans le duodénum pour contrecarrer l'acidité stomacale

C ☐ chez l'homme, le pancréas ne participe qu'à la digestion

D ☐ les glandes salivaires sont des glandes qui déversent leurs produits dans la cavité buccale

E ☐ les gouttelettes lipidiques de l'émulsion permettent une meilleure efficacité de la lipase sécrétée par le jéjunum

6 À propos de la digestion de l'albumine :

A ☐ cette substance est dégradée par l'amylase intestinale
B ☐ cette substance est dégradée par une pepsine stomacale
C ☐ cette denrée est attaquée par l'amylase salivaire
D ☐ ce produit est dégradé par de la lipase pancréatiques
E ☐ cette molécule est absorbée sous forme d'acide aminé après dégradation enzymatique

7 À propos de l'absorption des nutriments :

A ☐ l'eau et les sels minéraux doivent subir un traitement enzymatique avant d'être absorbés
B ☐ les acides aminés sont transportés dans l'intérieur des entérocytes grâce à des protéines membranaires appelées Co-transports
C ☐ le glucose se déplace de la lumière intestinale vers le sang en suivant le gradient de concentration
D ☐ les lipides passent la barrière intestinale par une diffusion simple
E ☐ les vitamines sont intégrées à des chylomicrons pour être ingéré

8 Parmi les enzymes que l'on trouve dans le tube digestif pour la digestion, il y a :

A ☐ la trypsine
B ☐ l'élastase
C ☐ l'amylase
D ☐ la lipase
E ☐ l'ADN polymérase

9 **À propos des selles qui sont les produits finaux de la digestion :**

A ☐ les selles sont majoritairement composées de fibres glucidiques

B ☐ les selles sont composés de graisses non digérables qui ont été mélangés à la masse lors du passage dans le colon

C ☐ la flore intestinale du colon se trouve partiellement évacuée avec les matières fécales

D ☐ la défécation consiste en une expulsion des matières fécales par des contractions musculaires réflexes

E ☐ la maîtrise automatique du sphincter anal débute dès le début de la vie

Exo 23.02 QROC

1. Expliquer le mécanisme de la déglutition sur l'épiglotte pour éviter le transfert de la nourriture vers la trachée.

2. Expliquer le processus du péristaltisme qui s'opère dans le tube digestif.

3. Donner un exemple de chacun des rôles du pancréas (rôle de digestion, rôle endocrinien).

4. *Identifier les différentes parties de l'estomac.* Apporter des annotations sur le schéma suivant d'estomac.

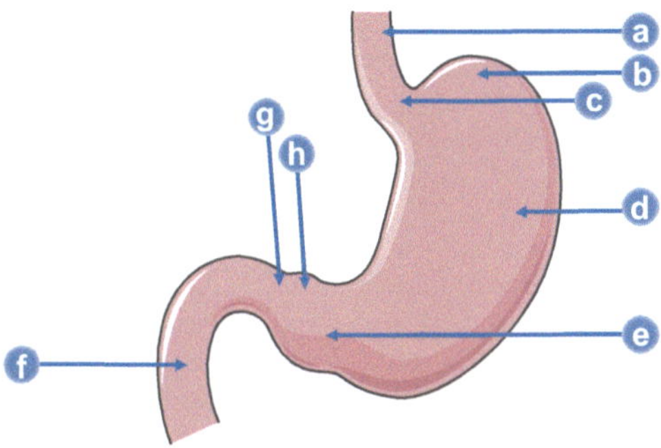

THÈME 24 Milieu intérieur et appareils

UE 2.2

QCM 24.01

1 Rôles physiologiques du rein :

A ☐ équilibre acido-basique sanguin
B ☐ excrétion des déchets en particulier la bilirubine
C ☐ régulation de la volémie
D ☐ homéostasie phosphocalcique
E ☐ participer à la détoxification des toxines

2 Rôles physiologiques du rein :

A ☐ élimination de médicaments
B ☐ synthèse de l'urée
C ☐ régulation de l'osmolarité plasmatique
D ☐ régulation de l'osmolalité plasmatique
E ☐ synthèse des protéines plasmatiques

3 Les fonctions du néphron :

A ☐ filtration glomérulaire
B ☐ filtration tubulaire
C ☐ réabsorption tubulaire
D ☐ excrétion tubulaire
E ☐ sécrétion tubulaire

4 Composition de l'urine primitive :

A ☐ présence de protéines plasmatiques
B ☐ absence de cellule sanguine
C ☐ présence de traces de bilirubine non conjuguée sous forme d'urobiline
D ☐ présence de traces de bilirubine conjuguée sous forme d'urobiline
E ☐ absence de protéines plasmatiques

Milieu intérieur et appareils

5 La réabsorption de l'eau au niveau du néphron est essentiellement :

A ☐ un phénomène actif
B ☐ un phénomène passif
C ☐ un phénomène passif et actif,
D ☐ liée à la pression artérielle
E ☐ fonction de la volémie

6 Caractéristiques des urines normales :

A ☐ claires
B ☐ hématuriques
C ☐ stériles
D ☐ concentrées
E ☐ troubles

7 Les composants anormaux de l'urine :

A ☐ bactéries
B ☐ urée
C ☐ hématies
D ☐ immunoglobulines
E ☐ créatinine

8 Signes biologiques de l'insuffisance rénale chronique :

A ☐ hyperkaliémie
B ☐ hyper-albuminémie
C ☐ hyper-uricémie
D ☐ hypercalcémie
E ☐ hyper-créatininémie

9 Le rein réabsorbe :

A ☐ 100 % du glucose filtré par le glomérule
B ☐ 50 % des acides aminés filtrés par le glomérule
C ☐ 99 % du sodium filtré par le glomérule
D ☐ 99 % du potassium filtré par le glomérule

10 **La clairance de la créatinine est le reflet de la filtration glomérulaire car :**

A ☐ la créatinine filtrée est totalement réabsorbée
B ☐ la créatinine n'est pas secrétée au niveau des tubules
C ☐ la créatinine n'est ni réabsorbée, ni secrétée au niveau des tubules
D ☐ la créatinine n'est pas réabsorbée au niveau des tubules
E ☐ la créatinine est totalement sécrétée au niveau des tubules

11 **Citez les hormones qui agissent sur le rein :**

A ☐ vasopressine
B ☐ ocytocine
C ☐ aldostérone
D ☐ peptide auriculaire natriurétique
E ☐ cortisol

12 **À propos de la respiration :**

A ☐ la physiologie de la respiration vise à apporter des gaz tels le dioxygène à l'organisme
B ☐ les poumons exportent les substances toxiques de l'organisme
C ☐ les gaz de la ventilation permettent le transfert du diazote dans le sang pour une utilisation par les organes
D ☐ la respiration cellulaire se caractérise par une réduction de l'O_2 en H_2O et une libération de CO_2 par les cellules de l'organisme
E ☐ la respiration cellulaire permet de produire de l'énergie dans les cellules qui consomment de l'O_2

13 À propos des différentes voies aériennes :

A ☐ la trachée est un tube composé d'une muqueuse, d'une sous-muqueuse, du cartilage hyalin, qui font tout le tour du conduit respiratoire

B ☐ l'air passe par le larynx avant de passer par le pharynx lors de son transfert vers le fond des poumons

C ☐ les cordes vocales sont situées à l'entrée des poumons au niveau de la séparation des bronches

D ☐ les voies aériennes forment un sac fermé composé de loges de plus en plus larges et épaisses pour assurer les échanges

E ☐ la muqueuse trachéale est recouverte de cils vibratiles et d'une couche de mucus qui bloque les particules fines inspirés

14 À propos du passage des échanges de gaz respiratoires dans le sang de l'individu :

A ☐ les échanges vers le sang sont possibles grâce à une mise en pression de l'air des poumons par la plèvre périphérique

B ☐ le transfert de gaz se fait par diffusion simple au travers l'épithélium pulmonaire des alvéoles

C ☐ le transfert de gaz se fait dans le sens de la pression : de la zone avec la plus forte pression partielle vers le territoire ayant la plus faible pression.

D ☐ le transfert de gaz se fait toujours à la même vitesse malgré les changements de pression

E ☐ le transfert de gaz entraîne uniquement le passage des gaz impliqués dans la respiration cellulaire parmi tous les gaz du mélange aspiré

15 **À propos du volume et des capacités pulmonaires :**

A ☐ l'expiration entraîne une réduction de la pression intra pleurale

B ☐ le volume de réserve inspiratoire correspond au volume d'air maximum que l'on peut ajouter à l'inspiration courante

C ☐ la capacité pulmonaire totale est la somme du volume de réserve inspiratoire et du volume courant

D ☐ le fait de porter un tuba augmente le volume résiduel mais aussi la capacité pulmonaire totale

E ☐ la capacité vitale représente l'ensemble de l'air présent dans les poumons

16 **À propos de la molécule d'hémoglobine :**

A ☐ l'effet Bohr explique que plus le milieu est acide, plus l'hémoglobine capte de molécule de dioxygène

B ☐ l'hémoglobine fœtale a une plus grande affinité pour l'O_2 que l'hémoglobine adulte

C ☐ l'hémoglobine porte une molécule d'O_2 à la fois

D ☐ l'hémoglobine se vide intégralement de tout son dioxygène à chaque passage près des organes consommateurs

E ☐ l'hémoglobine se compose d'un groupement hème qui comporte un atome de magnésium.

17 **À propos de l'organe responsable de la circulation du fluide sanguin dans l'organisme :**

A ☐ le cœur a un rythme cardiaque plus rapide pendant les phases embryonnaires que pendant la phase adulte

B ☐ la paroi du cœur est composé de 2 couches appelées « tuniques » : le péricarde et le myocarde

C ☐ le myocarde est composé de cellules musculaires striées squelettiques

D ☐ le sang qui alimente le cœur est véhiculé dans l'artère coronaire

E ☐ les valvules qui se mobilisent pour fermer ou ouvrir les cavités cardiaques sont composées de muqueuses contractiles

Milieu intérieur et appareils

18 À propos des contractions du muscle cardiaque et de son contrôle autonome :

A ☐ le tissu nodal a le potentiel d'autostimulation automatique qui génère une dépolarisation conduite dans les oreillettes

B ☐ la conduction de l'influx nerveux passe du nœud d'Aschoff-Tawara ou nœud septal au nœud sinusal ou nœud de Keith et Flack

C ☐ le temps de latence entre la stimulation des oreillettes et des ventricules est lié à un effet retard lui-même dû au tronc de Hiss

D ☐ le réseau de Purkinje permet de stimuler la contraction des oreillettes

E ☐ les fibres musculaires cardiaques peuvent tétaniser, on constate alors un arrêt cardiaque de type infarctus

19 À propos de la régulation du rythme cardiaque :

A ☐ la tachycardie est une accélération du nombre de cycle par minutes

B ☐ l'arythmie est une réduction du rythme cardiaque en deçà de la fréquence moyenne de 70 battements/minute

C ☐ le nerf cardiaque parasympathique, appelé « nerf Vague », inhibe le cœur

D ☐ le nerf cardiaque sympathique inhibe le cœur

E ☐ les barorécepteurs de la crosse aortique envoient un message par le nerf de Cyon, nerf sensitif, vers le cœur

20 À propose du fonctionnement du rein :

A ☐ le rein reçoit une double irrigation : l'irrigation pour la vascularisation nourricière et une pour la vascularisation fonctionnelle

B ☐ le rein n'assure que la fonction de filtration du sang

C ☐ l'urine primitive et l'urine définitive ont la même composition mais dans des concentrations différentes

D ☐ l'urine primitive se forme au niveau du glomérule

E ☐ la clairance est la capacité d'un tissu à épurer le volume sanguin du soluté : elle se mesure notamment en suivant la créatinine

21 À propos de la physiologie du néphron :

A ☐ la pression sanguine permet de pousser le sang à sortir du capillaire vers la capsule de Bowman

B ☐ l'anse de Henlé se trouve avant la zone corticale du rein

C ☐ le tube contourné distal permet de pomper le glucose dans l'urine primitive

D ☐ la concentration de l'urine se réalise notamment grâce à un gradient osmotique dans la double branche de Henlé

E ☐ l'ensemble des glomérules du rein filtre 1,5 L d'urine primitive par jour

Exo 24.02 QROC

1. Expliquer le rôle du rein dans la régulation de la pression artérielle.

2. Expliquer le mécanisme de l'évacuation des fluides sanguins du cœur lors du cycle cardiaque.

3. Citer et décrire brièvement les étapes du cycle de contraction cardiaque.

4. Expliquer quelles contractions des muscles respiratoires permettent le mouvement ventilatoire.

5. Qu'appelle-t-on *diabète insipide* ?

6. Madame D. boit 1,5 litre d'eau, 2 heures avant une échographie abdominale. Après l'examen. Elle se précipite dans les toilettes. Expliquer le mécanisme physiologique de cette miction impérieuse.

7. Expliquer la formation et comparer la composition du plasma et de l'urine primitive.

8. Citer les 3 grands processus de formation de l'urine définitive et préciser dans quelle direction chacun fait passer les substances au niveau du néphron.

9. Comparer la composition de l'urine primitive et de l'urine définitive.

THÈME 25 Homéostasies du milieu intérieur

UE 2.2

QCM 25.01

1 L'homéostasie :

A ☐ est un état d'équilibre rétroactif
B ☐ est un état d'équilibre dynamique
C ☐ est un état d'équilibre sélectif
D ☐ est un concept qui a été expliqué par Claude Bernard
E ☐ est un état d'équilibre mécanique

2 Quels sont les paramètres régulés avec valeur de consigne ?

A ☐ la température centrale
B ☐ le rythme cardiaque
C ☐ le pH plasmatique
D ☐ la pression artérielle
E ☐ la pression efficace de filtration glomérulaire

3 Concernant la régulation de la pression artérielle :

A ☐ la pression artérielle se mesure en mm de Mercure (mmHg)
B ☐ les reins et le cœur contrôlent complètement la pression artérielle
C ☐ l'augmentation des résistances périphériques provoque l'élévation de la pression artérielle
D ☐ les barorécepteurs sont localisés dans la crosse aortique pour détecter les variations de pression
E ☐ la pression artérielle est proportionnelle au débit cardiaque

4 Quelles sont les hormones qui participent à la régulation de la pression artérielle ?

A ☐ l'angiotensine II
B ☐ l'érythropoïétine
C ☐ l'aldostérone
D ☐ l'ocytocine
E ☐ la vasopressine

5 Qui participe à la régulation de la pression artérielle ?

A ☐ le muscle cardiaque
B ☐ l'hypophyse
C ☐ le rein
D ☐ le pancréas endocrine
E ☐ le système nerveux autonome

6 Quelles sont la ou les hormones hyperglycémiantes ?

A ☐ insuline
B ☐ glucagon
C ☐ cortisol
D ☐ aldostérone
E ☐ adrénaline

7 Quelles sont la ou les hormones hypoglycémiantes ?

A ☐ insuline
B ☐ glucagon
C ☐ cortisol
D ☐ aldostérone
E ☐ adrénaline

8 Concernant le glucose, quelles sont les propositions exactes ?

A ☐ le glucose ne traverse pas le filtre glomérulaire
B ☐ le glucose est totalement réabsorbé par les cellules du tube contourné distal
C ☐ dans le diabète insipide il existe une glycosurie
D ☐ le glucose est responsable d'une hyperdiurèse lorsqu'il est présent dans les urines
E ☐ le glucose est retrouvé dans les urines lorsque la glycémie est égale à 1,8 g/L

Homéostasies du milieu intérieur

9 Quels organes participent à l'équilibre thermique ?

A ☐ thalamus
B ☐ corticosurrénales
C ☐ hypothalamus
D ☐ médullosurrénales
E ☐ thyroïde

10 Les différents moyens d'échanges de chaleur sont :

A ☐ la convection
B ☐ la conduction
C ☐ l'évaporation
D ☐ l'hydratation
E ☐ le rayonnement

11 Les hormones dans l'homéostasie du sodium plasmatique :

A ☐ peptide auriculaire natriurétique
B ☐ aldostérone
C ☐ ADH
D ☐ angiotensine II
E ☐ parathormone

12 Les hormones dans l'homéostasie du potassium plasmatique :

A ☐ peptide auriculaire natriurétique
B ☐ aldostérone
C ☐ ADH
D ☐ angiotensine II
E ☐ parathormone

13 L'aldostérone :

A ☐ est une hormone kaliurétique
B ☐ est une hormone qui active l'angiotensine I en angiotensine II
C ☐ est une hormone qui accroît la réabsorption d'eau par osmose au niveau du TCD
D ☐ l'aldostérone stimule la synthèse de l'ACTH
E ☐ est une hormone dont la synthèse est sous le contrôle de l'angiotensine II

14 Les signes cliniques d'hypernatrémie :

A ☐ soif
B ☐ pli cutanée
C ☐ nausées
D ☐ sécheresse de la peau et des muqueuses
E ☐ vomissements

15 Les signes cliniques d'hyponatrémie :

A ☐ soif
B ☐ pli cutanée
C ☐ nausées
D ☐ sécheresse de la peau et des muqueuses
E ☐ vomissements

16 Les causes d'hypernatrémie :

A ☐ défaut d'apport hydrique, personnes âgées, nourrissons
B ☐ hyperdiurèse, diabètes insulinodépendant et insipide
C ☐ insuffisance cardiaque
D ☐ insuffisance rénale
E ☐ cirrhose hépatiques

17 Les causes d'hyponatrémie :

A ☐ défaut d'apport hydrique, personnes âgées, nourrissons
B ☐ hyperdiurèse, diabètes insulinodépendant et insipide
C ☐ insuffisance cardiaque
D ☐ insuffisance rénale
E ☐ cirrhose hépatique

18 Le milieu intérieur est composé :

A ☐ du plasma
B ☐ du milieu interstitiel
C ☐ du milieu intracellulaire
D ☐ des liquides transcellulaires
E ☐ de la lymphe canalisée

Homéostasies du milieu intérieur

19 Quel compartiment hydrique de l'organisme est le plus important en volume ?

A ☐ le milieu interstitiel
B ☐ la lymphe
C ☐ le plasma
D ☐ le milieu intracellulaire
E ☐ le liquide céphalo-rachidien (LCR)

20 Composition chimique des liquides intracellulaires (LIC) et extracellulaires (LEC) :

A ☐ le LIC est riche en sodium
B ☐ le LEC est pauvre en potassium
C ☐ le LIC est riche en protéines
D ☐ le LEC est riche en protéines
E ☐ le LIC est riche en potassium

21 Le contrôle de la volémie :

A ☐ ADH
B ☐ osmorécepteurs thalamiques
C ☐ aldostérone
D ☐ calcitonine
E ☐ soif

22 La pression oncotique :

A ☐ est due aux protéines lymphatiques
B ☐ est due aux protéines plasmatiques
C ☐ permet le retour de l'eau du milieu interstitiel vers le secteur artériel
D ☐ permet le retour de l'eau du milieu interstitiel vers le secteur veineux
E ☐ est proportionnelle à la concentration en hémoglobine du plasma

23 Mode d'action de la parathormone :

A ☐ réabsorption rénale de calcium au niveau du TCP
B ☐ inhibition de l'ostéolyse
C ☐ activation de la synthèse du calcitriol, forme active de la vitamine D
D ☐ activation de l'ostéolyse
E ☐ augmentation de l'absorption du calcium au niveau du duodénum

24 **Mode d'action de la calcitonine :**

A ☐ réabsorption rénale de calcium au niveau du TCP
B ☐ inhibition de la résorption osseuse
C ☐ activation de la synthèse du calcitriol, forme active de la vitamine D
D ☐ activation l'ostéolyse
E ☐ augmentation de l'absorption du calcium au niveau du duodénum

25 **La miction :**

A ☐ est le résultat de la contraction du sphincter externe et le relâchement du sphincter interne de l'urètre
B ☐ est due à la contraction du muscle détrusor
C ☐ est le résultat du relâchement sphincter externe et du sphincter interne de l'urètre
D ☐ est sous le contrôle du système sympathique qui déclenche la contraction du détrusor
E ☐ apparaît pour un volume d'urine de 200 mL

26 **Concernant l'équilibre acido-basique :**

A ☐ physiologiquement, le pH est compris entre 7,38 et 7,42
B ☐ le pH est inférieur à 7,38 dans l'alcalose
C ☐ le pH est fonction de la concentration des bicarbonates et du CO_2 plasmatiques
D ☐ le pH est régulé, par le rein en situation aiguë
E ☐ le pH est inférieur à 7,38 dans l'acidose

Exo 25.02 QROC

1. Qu'appelle-t-on *variable régulée.* Donner 4 exemples avec les valeurs cibles.
2. Qu'est-ce qu'une *boucle de régulation* d'une variable régulée ?
3. Expliquer la boucle de régulation dans la thermorégulation.
4. Expliquer pourquoi les marins du *Radeau de la Méduse* qui ont bu de l'eau de mer sont entrés dans un cercle vicieux fatal.

THÈME 26 Les grandes fonctions au cours de la vie et perpétuation

UE 2.2

QCM 26.01

1 À propos de la fécondation :

A ☐ la fécondation est la rencontre de 2 gamètes diploïdes (ovocyte et spermatozoïde) pour donner une cellule œuf haploïde

B ☐ la fécondation est la rencontre de 2 gamètes haploïdes (ovocyte et spermatozoïde) pour donner une cellule œuf diploïde

C ☐ la fécondation a lieu en principe près du col de l'utérus

D ☐ le lieu habituel de la fécondation est le premier tiers de la trompe

E ☐ deux spermatozoïdes qui fécondent un ovule provoquent une trisomie 21

2 À propos des premières semaines de développement embryonnaire :

A ☐ l'embryon s'implante dans l'endomètre utérin au stade morula

B ☐ le blastocyste est le stade embryonnaire de la 3e semaine chez l'humain

C ☐ pendant les 2e et 3e semaines, l'embryon a grossièrement la forme d'un disque

D ☐ avant de s'implanter, l'embryon doit sortir de sa zone pellucide

E ☐ pendant la gastrulation, l'embryon s'organise en trois feuillets primordiaux

3 À propos de la transition entre les périodes embryonnaire et fœtale :

A ☐ la période fœtale débute au 3e mois de développement

B ☐ dès le début de la période fœtale, tous les principaux organes sont à l'état d'ébauche dans l'embryon

C ☐ à la fin du premier mois de développement, l'embryon humain ressemble assez à un embryon de poulet ou de cochon

D ☐ l'ectoderme est responsable de la formation de la peau, l'endoderme permet de mettre en place le tube digestif

E ☐ le mésoderme est responsable de la formation des muscles et des os, l'ectoderme est à l'origine du système nerveux

4 À propos de l'accouchement :

A ☐ l'accouchement doit se produire entre la 37e et la 41e semaine
B ☐ la délivrance est l'expulsion du bébé
C ☐ la présentation normale du bébé pour l'accouchement est par le siège, c'est-à-dire les fesses en premier
D ☐ le premier souffle correspond à la mise en route de la respiration aérienne, à la séparation de la circulation du nouveau-né en petite et grande circulation, au défroissement des poumons
E ☐ l'épisiotomie est un geste chirurgical incisant le périnée pour faciliter l'accouchement

5 À propos de la croissance et de la puberté :

A ☐ l'hormone de croissance agit principalement sur le cerveau
B ☐ l'hormone de croissance est un polypeptide produit par l'hypophyse
C ☐ la fréquence cardiaque augmente dans les premières années de vie
D ☐ la maturité sexuelle (éjaculations chez le garçon, règles chez la fille) est le premier signe de la puberté
E ☐ la maturité sexuelle est le signe que le système génital est fonctionnel

6 À propos de l'ovogenèse :

A ☐ l'ovogenèse se déroule entièrement dans l'ovaire fœtal, avant la naissance
B ☐ de la naissance à la puberté, certains ovocytes achèvent leur méiose
C ☐ l'ovogenèse chez la femme débute à la puberté et s'arrête à la ménopause
D ☐ lors de l'ovulation, l'ovocyte expulsé est un ovocyte d'ordre II (bloqué en métaphase II)
E ☐ la méiose se déroule entièrement dans l'ovaire lors d'un cycle ovarien

Les grandes fonctions au cours de la vie et perpétuation

7 À propos de la spermatogenèse :

A ☐ la spermiogénèse est le passage de la spermatogonie au spermatocyte I

B ☐ la spermiogénèse est la maturation de la spermatide au stade spermatozoïde

C ☐ la spermatogenèse chez l'homme débute à la puberté et s'arrête à l'andropause

D ☐ spermatocyte est le nom que prennent les cellules germinales en train de subir la méiose

E ☐ les cellules de Sertoli contrôlent le bon déroulement de la spermatogenèse

8 À propos des organes génitaux féminins représentés ci-dessous :

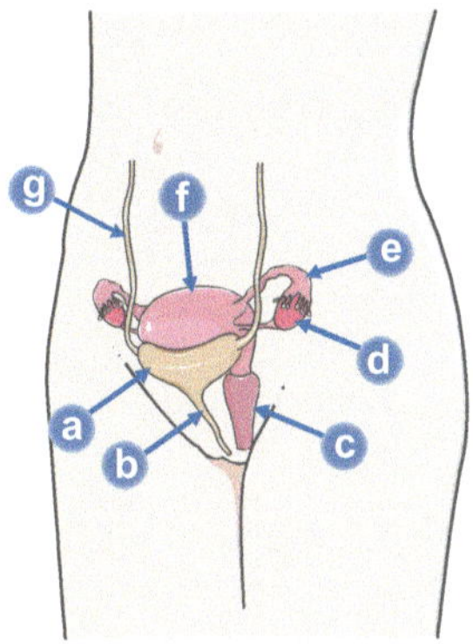

A ☐ B est le vagin, D est l'ovaire, F est la vessie, G est le canal déférent

B ☐ D est l'ovaire, E est la trompe de Fallope, F est l'utérus, G est l'uretère

C ☐ A est l'utérus, C est le vagin, D est l'ovaire, E est la trompe d'Eustache

D ☐ A est la vessie, B est l'uretère, E est la trompe d'Eustache, G est l'uretère

E ☐ B est l'urètre, C est le vagin, D est l'ovaire, F est l'utérus

9 À propos des organes génitaux masculins représentés ci-dessous :

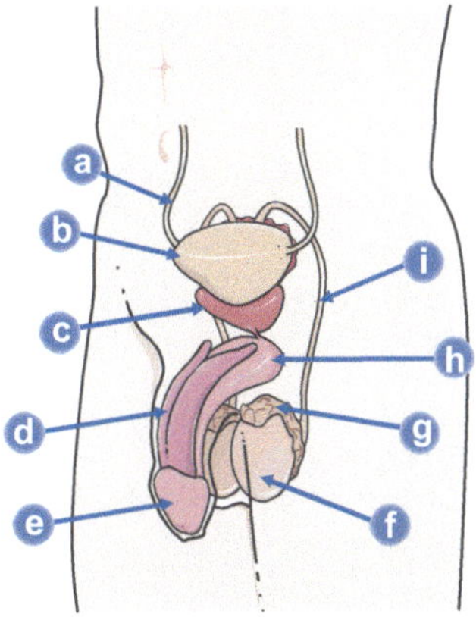

A ☐ C est la vessie, E le gland du pénis, F les testicules, G les vésicules séminales

B ☐ D est le corps caverneux, H le corps spongieux, F le testicule, G l'épididyme

C ☐ A est l'urètre, B la prostate, C la vessie, I les canaux déférents

D ☐ B est la vessie, C la prostate, G l'épididyme, I les canaux déférents

E ☐ Le sperme est fabriqué par l'ensemble des organes F, G, C et les vésicules séminales non visibles

Exo 26.02

À propos de la folliculogenèse :

1. Follicule primordial	(*a*) Comporte les thèques internes et externes
2. Follicule primaire	(*b*) Son ovocyte produit un globule polaire
3. Follicule secondaire	(*c*) Existe déjà dans l'ovaire fœtal
4. Follicule tertiaire	(*d*) Comporte un antrum
5. Follicule de De Graaf	(*e*) Une seule couche de cellules autour de l'ovocyte

ÉVAL

27 Examen blanc

UE 2.2

QCM 27.01

1 À propos de l'expression du patrimoine génétique :

A ☐ les gènes sont portés par les chromosomes
B ☐ la synthèse d'un ARN à partir d'ADN est appelée la transcription
C ☐ lors de la traduction les nucléotides de l'ARNm sont lus 3 par 3
D ☐ les portions codantes sont les parties des gènes qui contiennent l'information nécessaire pour fabriquer les protéines
E ☐ les protéines sont des enchainements d'acides aminés dont la séquence est ordonnée par les gènes

2 À propos de l'hérédité autosomique dominante :

A ☐ une femme hétérozygote pour l'allèle muté peut transmettre la mutation à son fils
B ☐ il existe des porteurs sains de la mutation en cause
C ☐ pour un individu hétérozygote, le risque de transmission de l'allèle muté est de 50 %
D ☐ un homme atteint a un risque de transmission de 50 % à ses filles
E ☐ deux parents sains peuvent avoir un enfant malade

3 En cas d'insuffisance antéhypophysaire, on observe :

A ☐ un hypercalcémie
B ☐ une hypothyroïdie
C ☐ une insuffisance corticosurrénale
D ☐ une acromégalie
E ☐ un hypogonadisme

4 Concernant l'influx nerveux (potentiel d'action) :

A ☐ l'influx nerveux se propage toujours des dendrites vers l'axone
B ☐ les nœuds de Ranvier sont des épaississements de la gaine de Schwann
C ☐ dans un nerf myélinisé, la propagation du potentiel d'action est saltatoire
D ☐ la propagation du potentiel d'action est d'autant plus rapide que le diamètre de l'axone est plus petit
E ☐ la gaine de myéline isole, d'un point de vue électrique, la fibre nerveuse de son environnement

5 L'insuline :

A ☐ est sécrétée par les cellules β des îlots de Langerhans du pancréas et libérée dans le duodénum par le canal de Wirsung
B ☐ est sécrétée par les cellules β des îlots de Langerhans pancréatiques
C ☐ permet le stockage du glucose par les hépatocytes, les myofibrilles et les adipocytes
D ☐ est une glycoprotéine dont la sécrétion est rythmée par l'ensoleillement
E ☐ est hyperglycémiante

6 Quelles sont les hormones thyroïdiennes ?

A ☐ les hormones T3/T4
B ☐ le 1,25-dihydroxycholécalciférol
C ☐ la calcitonine
D ☐ la parathormone
E ☐ l'ocytocine

7 Glandes endocrines et hormones :

A ☐ les hormones sont libérées dans le milieu interstitiel
B ☐ les hormones sont libérées dans le canal excréteur de la glande endocrine
C ☐ les hormones sont des facteurs de croissance
D ☐ les hormones sont des enzymes impliquées dans le métabolisme cellulaire
E ☐ certaines hormones stimulent la synthèse d'autres hormones

Examen blanc

8 À propos de l'audition et de l'équilibre :

A ☐ l'hélicotrème est une structure présente dans l'appareil vestibulaire
B ☐ l'organe de Corti est la structure responsable de l'équilibre
C ☐ l'organe de Corti est situé dans le canal cochléaire, entre rampes vestibulaire et tympanique
D ☐ les cellules ciliées internes sont en renouvellement constant
E ☐ les otolithes sont les cellules responsables de la perception de l'équilibre

9 À propos de la vision

A ☐ l'espèce humaine synthétise plusieurs opsines différentes sensibles à des gammes de longueur d'ondes différentes
B ☐ l'ensemble opsine + rétinal forme la rhodopsine
C ☐ le glutamate est impliqué dans la perception visuelle
D ☐ la perception visuelle est de même qualité sur toute la rétine
E ☐ le cristallin de l'œil dirige les rayons lumineux vers la papille, la racine du nerf optique

10 Le spermatozoïde réagit en arrivant au voisinage de l'ovocyte par :

A ☐ la réaction corticale
B ☐ l'imprégnation
C ☐ la réaction acrosomiale
D ☐ la réaction nucléaire
E ☐ le spermatozoïde ne réagit pas

11 L'ADH :

A ☐ est une hormone kaliurétique
B ☐ est une hormone qui active l'angiotensinogène en angiotensine I
C ☐ est une hormone qui agit sur le canal collecteur du néphron en réabsorbant l'eau
D ☐ est une hormone qui agit sur le tube contourné distal du néphron en réabsorbant l'eau
E ☐ est une hormone qui agit sur le canal collecteur en réabsorbant le sodium

12 Équilibre acido-basique :

A ☐ dans l'acidose le pH est inférieur à 7,35
B ☐ dans l'alcalose le pH est inférieur à 7,45
C ☐ le pH est le logarithme négatif de la concentration en H+
D ☐ le pH est le logarithme positif de la concentration en H+
E ☐ les tampons neutralisent les ions H^+ d'origine métabolique

13 À propos des mouvements du corps :

A ☐ le tonus musculaire traduit la contraction intermittente des muscles opposés dans le maintien de la posture du corps
B ☐ la raideur musculaire est une situation d'augmentation de la force musculaire sans modification des angles articulaires
C ☐ la marche correspond à une suite de phases d'appui et de balancements au cours desquels la phase d'appui se raccourcit avec le ralentissement de la vitesse de progression
D ☐ la forme d'arc de la voûte plantaire permet un effet ressort à la structure osseuse du pied, utile lors de la marche
E ☐ parmi plus de 600 muscles du corps humain, certains sont capables de pousser ou de tirer les organes auxquels ils sont fixés

14 À propos de la muqueuse intestinale :

A ☐ les vaisseaux lymphatiques qui drainent les villosités ont pour but de récolter les glucides absorbés
B ☐ les villosités permettent d'augmenter considérablement la surface d'échange entre le chyle et le milieu intérieur
C ☐ l'intestin grêle est divisé en 3 parties : duodénum, iléon, jéjunum
D ☐ l'épithélium de revêtement intestinal est prismatique et composé d'entérocytes, d'hépatocytes et de myocytes
E ☐ l'épithélium en contact avec la lumière intestinale recouvre les anses et les valvules conniventes

15 Rôles physiologiques du rein :

A ☐ assurer l'équilibre hydroélectrolytique du milieu intérieur
B ☐ participer à l'homéostasie glycémique
C ☐ intervenir dans la régulation de la pression artérielle
D ☐ la thermorégulation
E ☐ l'élimination des déchets métaboliques

16 La filtration glomérulaire est :

A ☐ un phénomène passif
B ☐ fonction de la pression sanguine dans les capillaires glomérulaires
C ☐ fonction de la pression osmotique dans la capsule de Bowman
D ☐ un phénomène actif
E ☐ fonction de la pression oncotique des protéines de l'urine primitive

17 À propos du cycle cardiaque :

A ☐ la diastole est une phase de contraction
B ☐ la systole est une phase de contraction
C ☐ lors de la systole auriculaire, les valvules sigmoïdes artérielles sont ouvertes
D ☐ lors de la diastole générale, les valvules auriculoventriculaires tricuspides et mitrales sont ouvertes
E ☐ le sang passe directement des oreilles aux artères

Exo 27.02

1. Expliquer la différence entre une hormone *à action restreinte* et une hormone *à action ubiquitaire*. Donner des exemples.
2. Citer et décrire brièvement les processus permettant d'augmenter la glycémie.
3. Expliquer le processus de l'absorption des peptides par les entérocytes.
4. Expliquer le mécanisme de concentration de l'urine dans l'anse de Henlé du néphron.
5. Que peut-on déduire du ionogramme urinaire d'un patient qui présente une natriurèse inférieure à 10 mmoles/L ?

28 Introduction à l'UE 2.4

➤ L'UE dans la formation des ESI

Cette UE s'appuie notamment sur les enseignements de l'UE 2.2. Il est donc recommandé aux ESI de revoir les cours correspondant à l'anatomie et la physiologie de l'appareil locomoteur et la physiologie sensorielle (somesthésie et nociception). Les aspects thérapeutiques seront l'occasion de faire des liens avec l'UE 2.11. Parmi les complications, le risque infectieux pourra faire le lien avec l'UE 2.10. Les enseignements de l'UE 1.1 seront des outils précieux dans l'approche psychologique, notamment des patients devant subir une amputation. Les enseignements de l'UE 2.4 pourront alors constituer une base solide dans la prise en charge infirmière des patients atteints de traumatismes physiques. Ils sont très fréquents et leurs complications peuvent aller jusqu'aux séquelles entraînant un handicap. Cette UE vise à :

- explorer la notion de processus traumatique physique ;
- expliquer la survenue des pathologies traumatiques ;
- identifier les signes, complications, risques, traitements des traumatismes.

➤ Conseils

Il sera indispensable de constituer des fiches résumant les points incontournables de chaque cours et abordant de manière synthétique le processus traumatique, les divers types de traumatismes (contusion, plaie, hématome, entorse, fracture, luxation…), les pathologies (en incluant épidémiologie, physiopathologie, symptomatologie, étiologie, thérapeutiques, évolution et complications). Ces fiches permettront de faciliter les révisions et devront être constituées le plus tôt possible afin de permettre une meilleure mémorisation.

➤ L'épreuve

La réussite à l'épreuve dépendra du recul de révision accordé mais aussi au temps consacré à l'entraînement aux modalités de l'épreuve au sein de votre université. Il apparaît aujourd'hui que les QCM constituent les modalités choisies, au moins en partie, par toutes les universités il sera donc essentiel de tester vos connaissances dans ce format particulier de questionnement. Les QROC ainsi que les schémas à compléter forment également une partie de l'épreuve. Nous proposons donc de préparer cette épreuve à travers toutes ces modalités de questionnement.

THÈME 29 Brûlures, plaies et douleur

UE 2.4

QCM 29.01

1 Les 3 couches constituant la peau de la périphérie au centre sont :

A ☐ le derme, l'hypoderme, l'épiderme
B ☐ le derme, l'épiderme, l'hypoderme
C ☐ l'épiderme, le derme, l'hypoderme
D ☐ l'épiderme, le derme, le tissu sous-cutané
E ☐ l'hypoderme, le derme, l'épiderme

2 À propos de l'épiderme, la couche :

A ☐ profonde (basale) de l'épiderme contient les mélanocytes
B ☐ superficielle (cornée) contient les cellules de Langerhans
C ☐ superficielle (cornée) contient de la kératine
D ☐ muqueuse ou de Malpighi contient des kératinocytes qui synthétisent la kératine
E ☐ basale ou germinative contient des kératinocytes qui se multiplient activement afin de régénérer l'épiderme

3 À propos du derme et du tissu sous-cutané (ou hypoderme) :

A ☐ les adipocytes sont situés au niveau du derme
B ☐ les adipocytes sont situés au niveau du tissu sous-cutané
C ☐ les récepteurs sensibles à la douleur sont situés au niveau du derme
D ☐ le derme est la couche la plus vascularisée
E ☐ l'hypoderme est la couche la plus vascularisée

4 À propos du processus de cicatrisation :

A ☐ la phase inflammatoire est la 1re phase du processus de cicatrisation
B ☐ la phase proliférative correspond à la formation du tissu de granulation
C ☐ la formation du tissu de granulation correspond à une prolifération de fibroblastes
D ☐ la phase proliférative précède la phase inflammatoire
E ☐ la phase proliférative est caractérisée par une absence de germe

5 La cicatrisation d'une plaie peut être retardée par :

A ☐ une pathologie diabétique
B ☐ un tabagisme actif
C ☐ un traitement par corticoïdes
D ☐ une insuffisance vasculaire périphérique
E ☐ une anémie

6 Concernant la profondeur des brûlures :

A ☐ une brûlure du 1er degré se caractérise par une phlyctène
B ☐ une brûlure du 2e degré superficiel cicatrise spontanément
C ☐ une brûlure du 3e degré cicatrise spontanément
D ☐ une brûlure du 1er degré est caractérisée par un simple « coup de soleil » c'est-à-dire un érythème
E ☐ une brûlure du 2e degré profond se caractérise notamment par une cicatrisation spontanée variable

7 Les critères de gravité d'une brûlure sont :

A ☐ la localisation au niveau de la jambe
B ☐ la localisation au niveau du cou
C ☐ la présence de phlyctène
D ☐ la présence de nécrose
E ☐ les brûlures chimiques

8 Concernant le traitement de la douleur :

A ☐ les douleurs faibles doivent être traitées par une association d'antalgiques de palier 1
B ☐ les douleurs modérées doivent être traitées par une association d'antalgiques de palier 1
C ☐ les douleurs modérées doivent être traitées par une association d'antalgiques de palier 1 et de palier 2
D ☐ les douleurs fortes doivent être traitées par une association d'antalgiques de palier 1, de palier 2 et de palier 3
E ☐ les douleurs fortes doivent être traitées par une association d'antalgiques de palier 1 et de palier 3

9 **À propos de la classification des antalgiques selon les paliers de l'OMS :**

A ☐ le DOLIPRANE® est un antalgique de palier 1
B ☐ le PROFÉNID® est un antalgique de palier 1
C ☐ l'ACUPAN® est un antalgique de palier 2
D ☐ le patch de DUROGÉSIC® est un antalgique de palier 2
E ☐ le NUBAIN® est un antalgique de palier 3

10 **À propos de la classification des antalgiques selon les paliers de l'OMS :**

A ☐ la codéine est un antalgique de palier 1
B ☐ la morphine est un antalgique de palier 1
C ☐ le paracétamol est un antalgique de palier 1
D ☐ le tramadol est un antalgique de palier 2
E ☐ les AINS sont des antalgiques de palier 2

Exo 29.02 QROC

1. Citer et expliquer brièvement les différentes étapes biologiques de la cicatrisation de la peau qui surviennent lors d'une plaie cutanée.

2. Donner une définition de la douleur puis citer les composantes de celle-ci.

3. Indiquer les différents paliers de la douleur selon l'OMS en donnant deux exemples de thérapeutiques associées.

4. Quelles différences existe-t-il entre *douleur aiguë* et *douleur chronique* ?

5. Décrire ce schéma concernant le circuit nociceptif de la douleur :

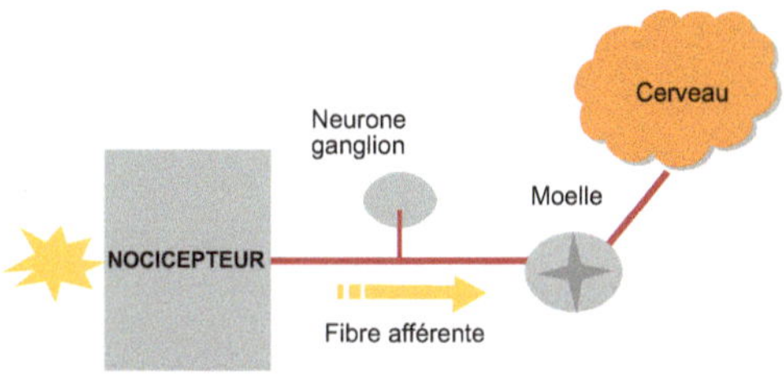

6. Citer les critères de gravité d'une brûlure.

30 Fractures et luxations des membres

QCM 30.01

1 Les complications des fractures diaphysaires sont :

A ☐ l'arthrose
B ☐ le cal vicieux
C ☐ le syndrome des loges
D ☐ la formation d'un hématome fracturaire
E ☐ l'algoneurodystrophie

2 Lors de plaie de la main avec lésions tendineuses isolées, on observe :

A ☐ un doigt avec une déformation en maillet en cas de section du tendon extendeur sur P3
B ☐ un doigt avec une déformation en boutonnière en cas de section sur P2
C ☐ des troubles de la sensibilité sur la face dorsale de la main
D ☐ des troubles de la sensibilité sur la face palmaire de la main
E ☐ une impossibilité de fléchir la dernière phalange lorsqu'on bloque les 2 premières

3 Les signes d'une fracture du col de fémur sont :

A ☐ un raccourcissement du membre inférieur fracturé
B ☐ une impotence fonctionnelle
C ☐ un pied en rotation interne
D ☐ un membre déformé en *valgus*
E ☐ une douleur de hanche

4 Les fractures de la diaphyse fémorale :

A ☐ concernent surtout les personnes âgées du sexe féminin
B ☐ sont la conséquence d'un traumatisme violent
C ☐ peuvent se compliquer d'embolie graisseuse
D ☐ sont souvent associées à un hématome de cuisse
E ☐ sont traitées par enclouage centromédullaire

Fractures et luxations des membres

5 Les impératifs thérapeutiques précoces en cas de fractures ouvertes de jambes sont :

A ☐ d'effectuer une antibioprophylaxie
B ☐ d'effectuer une prophylaxie antitétanique
C ☐ d'immobiliser le membre par attelle plâtrée cruro-jambier
D ☐ de réduire et nettoyer la plaie au bloc opératoire
E ☐ d'effectuer une prophylaxie thrombo-embolique par héparine non fractionnée

6 À propos du syndrome des loges :

A ☐ une loge est un espace cloisonné avec des parois très extensibles
B ☐ une aponévrotomie de décharge doit être réalisée en urgence
C ☐ il peut entrainer des lésions neurologiques irréversibles
D ☐ il n'entraine pas de lésions nerveuses
E ☐ la seule cause est un plâtre trop serré

7 Les signes cliniques d'une rupture de ligaments croisés antérieurs peuvent être :

A ☐ un « blocage » méniscal
B ☐ une déformation rotulienne
C ☐ une hémarthrose
D ☐ un « craquement avec » impotence fonctionnelle immédiate
E ☐ une laxité antéropostérieure anormale

8 Une fracture de membre inférieur peut montrer :

A ☐ une déformation de la jambe en *varus* et *valgus*
B ☐ un allongement de la jambe
C ☐ une ouverture cutanée
D ☐ la disparition de pouls périphérique
E ☐ une atteinte du nerf sciatique poplité externe

9 Concernant les fractures de l'extrémité inférieure du radius :

A ☐ elles sont plus fréquentes chez l'enfant
B ☐ elles entrainent une déformation du poignet en dos de fourchette
C ☐ la compression du nerf médian est une de ses complications
D ☐ elles peuvent être traitées par immobilisation plâtrée
E ☐ elles peuvent être ostéosynthèsées par plaque

10 Les complications de la luxation d'épaule peuvent être :

A ☐ une atteinte du nerf sciatique

B ☐ une atteinte du nerf circonflexe

C ☐ une compression de l'artère axillaire

D ☐ une lésion de la coiffe des rotateurs

E ☐ une fracture de la tête humérale

Exo 30.02 QROC

1. Définir le *syndrome de Volkman.*

2. Vous prenez en charge en postopératoire (J1) un enfant de 6 ans ayant bénéficié d'une ostéosynthèse par brochage d'une fracture diaphysaire des deux os de l'avant-bras. Cet enfant est porteur d'une attelle plâtrée (brachio-palmaire). Quels sont les éléments de surveillance et les actions à mettre en place dans cette situation ?

3. Définir les termes *ostéosynthèse*, *ostéotomie tibiale*, *méniscectomie* et *coxarthrose*.

THÈME 31 Traumatismes graves

UE 2.4

QCM 31.01

1 À propos de l'anatomie du rachis :

A ☐ la mœlle épinière s'arrête généralement en D1
B ☐ la colonne vertébrale contient 7 vertèbres cervicales
C ☐ la colonne vertébrale contient 10 vertèbres thoraciques
D ☐ la colonne vertébrale contient 5 vertèbres lombaires
E ☐ la colonne vertébrale contient 5 vertèbres sacrées

2 Lors d'un traumatisme médullaire situé en D10, les signes de sections médullaires seront :

A ☐ une tétraplégie
B ☐ une défaillance respiratoire par atteinte du nerf diaphragmatique
C ☐ des troubles sphinctériens
D ☐ une paraplégie
E ☐ un syndrome du cône terminal

3 À propos des lésions méningées :

A ☐ les méninges sont de l'extérieur à l'intérieur : la dure-mère, la pie-mère et l'arachnoïde
B ☐ l'hématome extradural est un épanchement sanguin situé entre l'os de crâne et la dure-mère
C ☐ l'hématome sous-dural est un épanchement sanguin situé sous la dure-mère
D ☐ l'hémorragie méningée est un épanchement sanguin situé sous l'arachnoïde
E ☐ l'hématome intracérébral est une collection de sang intraparenchymateuse

4 Concernant la surveillance du traumatisé crânien :

A ☐ le score de Glasgow permet d'estimer la gravité d'un traumatisme crânien

B ☐ la mydriase est un signe majeur de gravité du traumatisé crânien

C ☐ la présence d'une mydriase uni ou bilatérale est toujours une urgence

D ☐ la compression de la IIIe paire crânienne est le signe d'un engagement cérébral

E ☐ il faut évaluer la réactivité de la pupille à la lumière

5 Concernant les signes du traumatisé crânien :

A ☐ une lésion du cerveau droit entraîne une paralysie du coté droit

B ☐ « l'intervalle libre » est le temps qui sépare le réveil après la banale perte de connaissance initiale et la réapparition des premiers troubles de la conscience

C ☐ l'hématome extradural est caractérisé par la présence d'un intervalle libre

D ☐ un score de Glasgow à 7 signifie un traumatisme non grave

E ☐ l'apparition de signes neurovégétatifs est un facteur de gravité

6 Parmi les affirmations suivantes, laquelle est vraie ?

A ☐ la splénectomie est le seul traitement des lésions traumatiques de la rate

B ☐ un traumatisme splénique peut entraîner un choc hémorragique

C ☐ en cas de traumatisme splénique, la splénectomie n'est jamais indiquée

D ☐ un traumatisme splénique ne donne jamais de choc hémorragique

7 Quels traumatismes peuvent entrainer une détresse respiratoire ?

A ☐ un pneumothorax compressif

B ☐ un traumatisme abdominal avec un syndrome compartimental

C ☐ une lésion médullaire au dessus de C4

D ☐ un traumatisme crânien avec un Glasgow à 12

E ☐ un hémothorax

8 À propos du syndrome compartiment abdominal :

A ☐ la pression abdominale est normalement comprise entre 15 et 25 mmHg

B ☐ ce syndrome se caractérise par une oligurie, une tachycardie, une hypotension, une acidose

C ☐ au niveau pulmonaire, on observe une augmentation des volumes respiratoires

D ☐ au niveau circulatoire, on observe une diminution du retour veineux

E ☐ au niveau du système nerveux central, on observe une augmentation de la pression intracrânienne

9 Quelles sont les propositions exactes ?

A ☐ un pneumothorax ne survient jamais après un traumatisme thoracique

B ☐ un pneumothorax peut être bien toléré

C ☐ le pneumothorax compressif est lié à une déviation médiastinale qui comprime le poumon controlatéral

D ☐ le pneumothorax compressif entraîne une détresse respiratoire et circulatoire

E ☐ l'exsufflation complétée par un drainage thoracique est le traitement du pneumothorax suffocant

Exo 31.02 QROC

1. Dans les traumatismes de l'abdomen, classer les organes suivant du plus souvent lésé au moins souvent lésé : *a*) la vésicule biliaire *b*) le foie *c*) le rein ou la vessie *d*) la rate *e*) le pancréas.

2. Quelles sont les conséquences respiratoires et cardiovasculaires d'une lésion médullaire ?

3. Définir le *polytraumatisé* puis indiquer les impératifs de sa prise en charge préhospitalière.

4. Citer les facteurs qui augmentent de façon significative la mortalité et la morbidité du traumatisé crânien.

5. Vous participez à la prise en charge d'un blessé du thorax par arme blanche qui présente une détresse respiratoire due à un hémopneumothorax. Citer les gestes d'urgence à entreprendre et le matériel spécifique nécessaire à leur réalisation.

32 Examen blanc

QCM 32.01

1 À propos du processus de cicatrisation :

A ☐ au cours de la phase de détersion, il y a formation d'un mucus séro-fibrineux qui a pour rôle de protéger la plaie contre une éventuelle infection
B ☐ la cicatrisation est avant tout un phénomène cellulaire
C ☐ la phase de détersion est la seconde étape du processus
D ☐ la phase proliférative se caractérise par une intense prolifération de fibroblastes
E ☐ le bourgeon charnu est du tissu néoformé qui va perdurer après la phase de bourgeonnement

2 Les facteurs altérant le processus de cicatrisation sont :

A ☐ le tabagisme
B ☐ la dénutrition
C ☐ la prise de paracétamol
D ☐ la prise d'anti-inflammatoires stéroïdiens
E ☐ la prise de morphinique

3 Concernant l'anatomie de la main :

A ☐ la main est composée de 5 phalanges
B ☐ la main est composée de 5 métacarpiens
C ☐ le pouce contient 3 phalanges
D ☐ l'index contient 3 phalanges
E ☐ la main est constituée de 19 os

4 La fracture diaphysaire du fémur :

A ☐ est fréquente chez les personnes âgées
B ☐ doit être immobilisée par plâtre cruro-jambier
C ☐ est à risque d'embolie graisseuse
D ☐ est hémorragique
E ☐ est traitée généralement par clou centro-médullaire

Examen blanc

5 À propos des brûlures :

A ☐ les brûlures du 1er degré se caractérisent par une phlyctène
B ☐ les brûlures du 1er degré correspondent à une atteinte de la couche basale de Malpighi
C ☐ les brûlures du 2e degré superficiel cicatrisent toujours
D ☐ les brûlures du 2e degré profond concernent le l'épiderme et une moitié du derme
E ☐ les brûlures du 3e degré se caractérisent par un érythème et des phlyctènes

6 Concernant le traumatisme du rein :

A ☐ il est fréquemment retrouvé dans les chutes domestiques de la personne âgée
B ☐ en cas de doute, il faut effectuer une bandelette urinaire
C ☐ on peut retrouver une hématurie macroscopique
D ☐ l'urinome est une complication possible
E ☐ l'insuffisance rénale par nécrose est une complication possible

7 Un polytraumatisé avec un état de choc hémorragique vient de bénéficier d'une échographie abdominale mettant en évidence un hémopéritoine :

A ☐ il faut réaliser un scanner abdominal pour identifier l'origine du saignement
B ☐ il faut réaliser une artériographie-embolisation dans les plus brefs délais
C ☐ il faut réaliser une laparotomie dans les plus brefs délais
D ☐ il faut effectuer un remplissage massif par cristalloïdes
E ☐ il faut mettre en place des amines vaso-actives

8 Concernant le score de Glasgow :

A ☐ il permet d'évaluer la gravité d'un COMA
B ☐ son score va de 0 à 15
C ☐ il prend en compte 3 critères : ouverture des yeux, réponse motrice, réponse verbale
D ☐ un patient ayant un score à 7 doit être intubé et ventilé
E ☐ la réponse motrice est cotée sur 5

9 Un homme de 50 ans a été admis en soins intensifs après un traumatisme crânien grave. Il est ventilé et sédaté. Indiquer la conduite à tenir:

A ☐ vous mettez le patient en déclive 30° pour favoriser le retour veineux
B ☐ vous assurez l'apport hydro-électrolytique par une perfusion de glucosé 5 %
C ☐ vous veillez au maintien d'une pression artérielle moyenne entre 60 et 90 mmHg
D ☐ vous veillez à maintenir une normocapnie
E ☐ vous veillez à maintenir une hyperglycémie

10 Une patiente de 30 ans est amenée aux urgences après un accident de voiture et traumatisme crânien. Lors de son admission aucun trouble de conscience n'a été relevé. Vous effectuez une surveillance neurologique deux heures après son admission. Madame ne se souvient pas de l'accident, elle a les yeux fermés mais se réveille quand vous lui parlez, vous serre la main, ne sais pas quel jour nous sommes. Vous évaluez son état neurologique en précisant :

A ☐ état de choc post-traumatique
B ☐ perte de connaissance initiale
C ☐ présence d'intervalle libre à l'admission puis aggravation
D ☐ score de Glasgow à 10
E ☐ score de Glasgow à 13

Exo 32.02 QROC

1. Vous êtes en randonnée dans les calanques de Marseille. Votre frère âgé de 16 ans saute d'un rocher pour s'agripper à une branche, bascule puis tombe violemment sur le coccyx et les mains. Vous le voyez, grimaçant, toucher son dos, puis tenir son poignet droit avec la main gauche. Vous vous approchez et voyez son poignet droit déformé en « dos de fourchette ».

Quel diagnostic peut-on évoquer dans cette circonstance ? Indiquez votre conduite à tenir.

Examen blanc

2. Définir les mots suivants : *fracture, entorse, luxation, commotion, contusion.*

3. Nommer les différents types de trait de fracture sur la figure suivante :

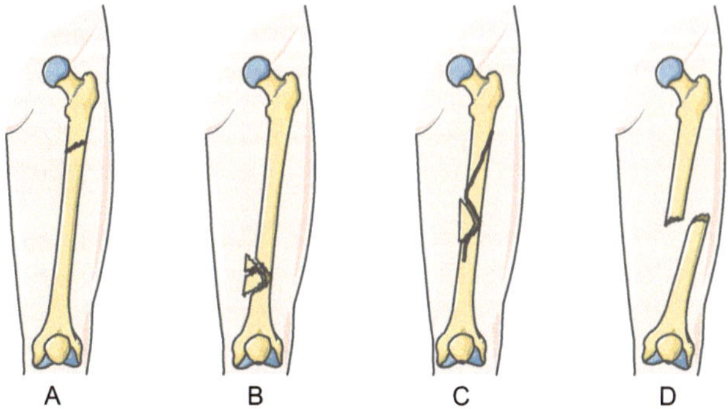

4. Retrouver l'ordre des différentes étapes de la réparation osseuse :

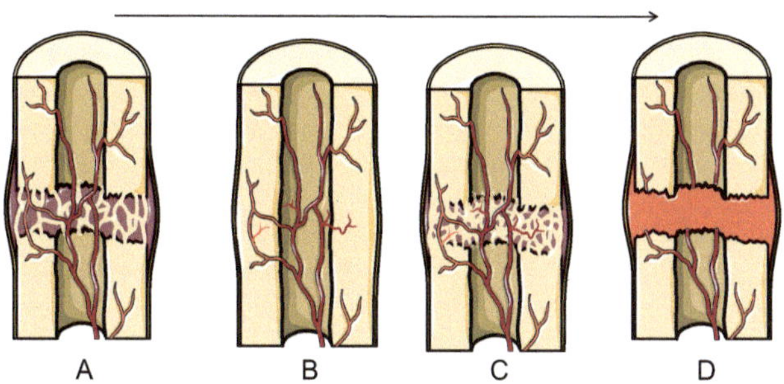

Corrigé à télécharger gratuitement sur www.editions-foucher.fr – rubrique DEI

33 Introduction à l'UE 2.10

Depuis de nombreuses années, la Qualité est devenue une réponse incontournable aux besoins des usagers et aux différents cadres réglementaires qui la régissent.

Dans le domaine de la santé, parmi les multiples critères et indicateurs qui permettent d'opérationnaliser la qualité des soins, on identifie en première intention une discipline à part entière qui représente la base de ces nombreuses attentes : il s'agit de l'Hygiène.

L'infirmier(e) est un maillon indispensable de la lutte contre les infections associées aux soins. Sa pratique est donc conditionnée par les règles d'hygiène et par les connaissances en infectiologie qu'il possède et qu'il met en œuvre au service de la qualité et de la sécurité des soins.

Par conséquent, l'U.E 2.10 du semestre 1 : « *Infectiologie – Hygiène* » vise la démarche qualité et sécurité, mais elle vise d'abord la base des soins : l'accompagnement d'une personne dans ses soins quotidiens, la réalisation de soins et pratiques à visée diagnostique et thérapeutique avec respect des règles d'hygiène et d'asepsie.

Ainsi la réalisation de ces QCM et QROC se veut comme un réel entrainement en lien direct avec les objectifs pédagogiques de la compétence 3 qui demeure le socle d'autres compétences telles que les compétences 4 et 7.

En effet, l'UE 2.10 représente à la fois une grande partie des prérequis d'autres UE et à la fois une solide articulation pour les UE qui sont en lien avec la compétence 3 (UE 4.1, 5.1), la compétence 4 (UE 2.1, 2.11, 4.3, 4.4, 2.5), la compétence 7 (UE 4.5, 4.8).

Enfin, les thématiques de ces entrainements ont été en partie choisies en fonction des principaux textes relatifs à la formation préparant au diplôme d'État et à l'exercice de la profession. Elles reposent aussi sur des recommandations et données scientifiques publiées par les sociétés savantes en Hygiène ainsi que sur les textes réglementaires.

Les thèmes « Précautions standard, prévention des AES » et « Hygiène des mains » étant en lien direct avec l'UE 2.10, nous avons également orienté de façon stratégique cet entrainement sur les « Précautions complémentaires en hygiène ». Ce dernier thème constitue un contenu de choix pour l'entrainement et l'évaluation des connaissances de cette UE mais aussi, et surtout, pour le raisonnement infirmier qui reste indispensable à la mise en œuvre des règles d'Hygiène. Ce raisonnement reposant essentiellement sur la chaîne épidémiologique, il est alors recommandé de le mettre en œuvre par l'analyse de pratique lors des stages. Ainsi l'ESI évaluera et intégrera ses connaissances plus aisément en donnant systématiquement du sens à ses propres pratiques en Hygiène qu'il combinera avec ses savoirs en Infectiologie.

THÈME

34 Hygiène des mains

UE 2.10

QCM 34.01

1 Combien d'étapes comporte la technique d'un traitement hygiénique des mains par frictions avec un produit hydroalcoolique ?

A ☐ 2 étapes
B ☐ 5 étapes
C ☐ 10 étapes
D ☐ 7 étapes
E ☐ 3 étapes

2 Quel est le type d'hygiène des mains à réaliser après un contact accidentel avec un liquide biologique ?

A ☐ un lavage simple des mains
B ☐ un traitement hygiénique des mains par frictions avec un produit hydroalcoolique
C ☐ un lavage simple des mains avec séchage complet associé à un traitement hygiénique des mains par frictions avec un produit hydroalcoolique
D ☐ un lavage simple des mains associé immédiatement à un traitement hygiénique des mains par frictions avec un produit hydroalcoolique
E ☐ un rinçage et un séchage des mains

3 Concernant le port de l'alliance (bijoux) et l'hygiène des mains :

A ☐ le port de l'alliance n'est pas autorisé pour procéder à l'hygiène des mains
B ☐ le port de l'alliance est autorisé pour procéder à l'hygiène des mains
C ☐ le port de l'alliance est seulement autorisé pour procéder à un lavage simple des mains
D ☐ le port de l'alliance est seulement autorisé pour procéder à une friction hydroalcoolique
E ☐ il est possible de porter son alliance à condition de la désinfecter au préalable

Hygiène des mains

4 Quel est le temps minimal pour réaliser une friction hydroalcoolique ?

A ☐ 40 secondes
B ☐ 1 minute
C ☐ 2 minutes
D ☐ 7 secondes
E ☐ un temps suffisant pour que les mains soient totalement sèches

5 La réalisation d'un lavage simple des mains à pour finalité de :

A ☐ réduire la flore transitoire
B ☐ éliminer la flore transitoire
C ☐ éliminer la flore commensale
D ☐ réduire la flore commensale
E ☐ éliminer la flore transitoire et réduire la flore commensale.

6 L'hygiène des mains doit être réalisée :

A ☐ avant le port de gants à usage unique
B ☐ après le port de gants à usage unique
C ☐ avant le port de gants stériles
D ☐ après le port de gants stériles
E ☐ uniquement après le port de gants stériles

7 Pour réaliser un pansement en asepsie, on dispose d'un set à pansement avec compresses et pinces stériles. Quelle hygiène des mains est recommandée avant de procéder à ce soin ?

A ☐ un lavage simple des mains
B ☐ une friction hydroalcoolique
C ☐ un traitement hygiénique des mains par frictions avec un produit hydroalcoolique
D ☐ un lavage antiseptique
E ☐ aucune hygiène des mains puisque que l'on dispose de pinces stériles

8 Quel est le temps recommandé pour réaliser un lavage simple des mains ?

A ☐ 2 minutes (1 minute pour le lavage et 1 minute pour le rinçage)
B ☐ 1 minute (30 secondes pour le lavage et 30 secondes pour le rinçage)
C ☐ 30 secondes (15 secondes pour le lavage et 15 secondes pour le rinçage)
D ☐ 30 secondes (peu importe le temps de lavage et de rinçage)
E ☐ le temps nécessaire pour avoir la sensation de « mains propres »

9 En établissement de soins, l'hygiène des mains concerne :

A ☐ les personnels administratifs
B ☐ les intervenants extérieurs
C ☐ les visiteurs
D ☐ les patients
E ☐ seulement les infirmier(e)s

10 Quelle est la quantité nécessaire de produit hydroalcoolique pour la réalisation d'un traitement hygiénique des mains par friction ?

A ☐ 0,5 mL
B ☐ 1 mL
C ☐ 1,5 mL
D ☐ 2 mL
E ☐ 3 mL

Exo 34.02 QROC

1. Citer les étapes du traitement hygiénique des mains par frictions et donner, pour chacune, la technique à mettre en œuvre.

2. En quoi l'hygiène des mains constitue-t-elle un geste fondamental dans la prévention des infections associées aux soins (IAS) ?

3. En quoi peut-il être nécessaire de réaliser une hygiène des mains entre deux actes de soins effectués sur le même patient ?

4. En quoi n'est il pas recommandé de procéder à un traitement hygiénique des mains par frictions avec un produit hydroalcoolique juste après avoir réalisé un lavage simple des mains ?

5. De quelle façon est il recommandé de se rincer les mains lors d'un lavage simple des mains.

THÈME

35 Précautions standard et préventions des AES

UE 2.10

QCM 35.01

1 Concernant le port de gants et leur intérêt :

A ☐ le port de gants permet de prévenir les contacts cutanés seulement avec le sang

B ☐ le port de gants permet de prévenir les contacts cutanés avec l'ensemble des liquides biologiques

C ☐ le port de gants permet de prévenir les contacts cutanés seulement avec les vomissures

D ☐ le port de gants permet de prévenir les contacts cutanés seulement avec les urines

E ☐ le port de gants permet de prévenir les contacts cutanés seulement avec le sang et les vomissures

2 Au sujet de la conservation des gants :

A ☐ les gants doivent être conservés dans leur boîte d'origine

B ☐ en l'absence de boîte distributrice, les gants peuvent être conservés enroulés dans un autre gant substituant la boîte distributrice

C ☐ les gants doivent être systématiquement conservés sur une surface propre dans la chambre du patient

D ☐ pour être disponibles à tout moment, les gants peuvent être conservés dans la poche de la blouse du soignant

E ☐ les boîtes des gants doivent être poudrées avec du talc pour faciliter leur enfilage et prolonger leur conservation

3 Le doublage des gants est recommandé :

A ☐ lors d'une injection auprès de patients porteurs du VIH seulement

B ☐ lors d'une injection auprès de patients porteurs du VHC seulement

C ☐ lors d'une injection auprès de patients porteurs du VIH et du VHC

D ☐ lors d'une injection auprès de tous les patients, peu importe leur statut sérologique

E ☐ lors d'actes chirurgicaux effectués par le chirurgien auprès de tous les patients, peu importe leur statut sérologique

Précautions standard et préventions des AES

4 Lors de soins avec risque de projections de sang et de liquides biologiques :

A ☐ le patient porte un masque chirurgical
B ☐ le soignant porte un masque chirurgical
C ☐ le soignant porte des lunettes de protection
D ☐ le patient porte des lunettes de protection
E ☐ le patient et le soignant portent un masque et des lunettes de protection

5 En situation de soins avec un patient grippé :

A ☐ le soignant porte un masque chirurgical
B ☐ le patient porte un masque chirurgical
C ☐ la famille et les visiteurs du patient portent un masque chirurgical
D ☐ le patient et le soignant portent un masque chirurgical
E ☐ tout le monde porte un masque chirurgical

6 Lors d'un accident exposant au sang et aux liquides biologiques (AES) par piqûre, il faut réaliser une antisepsie pendant :

A ☐ 50 minutes
B ☐ 1 minute maximum
C ☐ 3 minutes
D ☐ au moins 5 minutes
E ☐ 15 minutes montre en main.

7 Lors d'un accident exposant au sang (AES) par piqûre, quel antiseptique faut il utiliser ?

A ☐ de l'alcool à 70c
B ☐ un antiseptique chloré (DAKIN®)
C ☐ de la polividone iodée (BÉTADINE DERMIQUE®)
D ☐ de l'eau de javel à 2,6 % diluée à 1/10e
E ☐ du sérum physiologique

Précautions standard et préventions des AES

8 L'élimination des gants ayant servi pour réaliser un prélèvement sanguin se fait dans la filière :

A ☐ des DAOM (déchets assimilés aux ordures ménagères)
B ☐ des DASRI (déchets d'activités de soins à risques infectieux)
C ☐ des DASRI seulement si les gants sont tachés de sang
D ☐ des DAOM seulement si les gants ont été désinfectés juste après les avoir retiré
E ☐ les gants s'éliminent au plus vite, c'est-à-dire dans la poubelle de la salle de bain du patient

9 Lors d'un AES avec projection de sang dans les yeux, il est recommandé :

A ☐ de les rincer avec un antiseptique
B ☐ de les rincer avec de l'eau du robinet
C ☐ de les rincer avec un collyre
D ☐ de les rincer avec du sérum physiologique
E ☐ de ne rien faire pour ne pas aggraver le risque de transmission

10 Lors d'un AES avec piqûre, l'antisepsie se fait par :

A ☐ trempage
B ☐ pulvérisations avec un spray antiseptique
C ☐ tamponnements avec une compresse imbibée
D ☐ un pansement antiseptique
E ☐ par écoulement de l'antiseptique directement sur la plaie

Exo 35.02 QROC

1. Pourquoi n'est-il pas recommandé de porter des gants poudrés lors de situations de soins ?
2. Quel est le texte réglementaire régissant les précautions standard ?
3. Pourquoi n'est il pas recommandé de porter des gants lors d'un contact avec la peau saine d'un patient ?
4. Pourquoi est-il nécessaire de protéger sa tenue professionnelle avec un tablier de soins lors de soins avec risques de projections ?
5. Quels sont les éléments impératifs quant à l'élimination d'une aiguille ayant été utilisée pour un patient.

THÈME

36 Les précautions complémentaires, isolements septiques

UE 2.10

QCM 36.01

1 Les précautions complémentaires représentent les moyens de prévention qui concernent :

A ☐ uniquement la transmission aérienne d'agents infectieux

B ☐ uniquement la transmission de secrétions oro-trachéo-bronchiques d'agents infectieux

C ☐ uniquement la transmission par contact d'agents infectieux

D ☐ l'ensemble des transmissions d'agents infectieux (aériennes et/ou sécrétions oro-trachéo-bronchiques et/ou par contact)

E ☐ la conduite à tenir lors d'un AES

2 Comment se nomme les précautions à mettre en œuvre face à un risque de transmission du virus de la grippe ?

A ☐ les précautions air

B ☐ les précautions contact

C ☐ les précautions respiratoires

D ☐ les précautions hivernales

E ☐ les précautions gouttelettes

3 Quelles sont les indications à la mise en œuvre de précautions air ?

A ☐ rougeole

B ☐ tuberculose pulmonaire

C ☐ varicelle

D ☐ gales

E ☐ *Clostridium difficile*

4 L'installation d'un patient pour lequel on applique les précautions complémentaires de type air se fait :

A ☐ en chambre double

B ☐ par « *cohorting* »

C ☐ en chambre individuelle

D ☐ au plus près de l'infirmerie

E ☐ avec la consigne donnée au patient de limiter ses déplacements

36 Les précautions complémentaires, isolements septiques
SUITE

5 Lors de soins auprès d'un patient pour lequel on applique des précautions de type air :

A ☐ le soignant porte un masque filtrant seulement lors des soins
B ☐ le soignant porte un masque chirurgical
C ☐ le patient porte des lunettes de protection avec un masque filtrant
D ☐ le soignant porte des gants à usage unique
E ☐ le soignant porte un masque filtrant avant de rentrer dans la chambre

6 La collecte des draps d'un patient pour lequel on applique des précautions complémentaires de type contact se fait :

A ☐ en dernier
B ☐ de la même façon que pour les autres patients
C ☐ avec un sac hydrosoluble déposé dans le sac de collecte habituel
D ☐ dans un sac tissé spécifique
E ☐ dans un sac hydrosoluble déposé dans un autre sac tissé et spécifique

7 La responsabilité de la levée d'un isolement septique relève :

A ☐ de l'infirmier(e)
B ☐ du Médecin
C ☐ du cadre de santé
D ☐ du pharmacien
E ☐ de l'infirmier(e) hygiéniste

8 Il est nécessaire de porter une surblouse dès lors que sont appliquées :

A ☐ des précautions air
B ☐ des précautions contact
C ☐ des précautions gouttelettes
D ☐ des précautions contact seulement si il y a contact avec le patient lors des soins, le matériel et/ou son environnement
E ☐ des précautions air seulement si il y a contact avec le patient lors des soins, le matériel et/ou son environnement

9 **Madame H est hospitalisée en service de médecine, une infection à *Clostridium difficile* est suspectée et des précautions complémentaires de type contact sont mises en place. Le bionettoyage de la chambre de la patiente est réalisé avec :**

A ☐ les produits habituels de bionettoyage
B ☐ de l'eau de javel titrée à 2,6 % et diluée à 1/10e
C ☐ de l'eau de javel titrée à 2,6 % et diluée à 1/5e
D ☐ de l'eau de javel titrée à 9 % diluée à 50 %
E ☐ il n'y a pas besoin de réaliser un bionettoyage, il s'agit d'une suspicion d'infection

10 **En situation de précautions complémentaires type contact pour *Clostridium difficile*, l'hygiène des mains est faite :**

A ☐ en réalisant une friction hydroalcoolique
B ☐ en réalisant un lavage simple des mains
C ☐ en réalisant un lavage simple des mains avec séchage suivi immédiatement d'une friction hydroalcoolique
D ☐ en réalisant une friction hydroalcoolique suivie d'un lavage des mains
E ☐ en réalisant un lavage simple des mains avec séchage, en respectant par la suite à un délai de 10 minutes avant de procéder à une friction hydroalcoolique

Exo 36.02 QROC

1. Quelles actions doit-on mettre en place au sein d'un service de soins pour réaliser le signalement d'un isolement septique ?

2. Au niveau organisationnel, quelle recommandation est à mettre en œuvre pour réaliser le bionettoyage dans la chambre d'un patient en isolement ?

3. Quelles recommandations sont nécessaires pour porter correctement un masque filtrant ?

4. Quelle procédure doit-on appliquer quant à la désinfection de la vaisselle du plateau repas d'un patient pour lequel on applique des précautions complémentaires de type contact ?

5. Chez un patient pour lequel on applique des précautions contact, en quoi la porte ouverte de la chambre représente un risque de transmissions ?

ÉVAL

37 Examen blanc

UE 2.10

QCM 37.01

1 Combien d'étapes comporte la technique d'un traitement hygiénique des mains par frictions avec un produit hydroalcoolique ?

A ☐ 4 étapes
B ☐ 2 étapes
C ☐ 10 étapes
D ☐ 7 étapes
E ☐ 20 étapes

2 Parmi la liste ci-dessous, quels sont les organes lymphoïdes centraux ?

A ☐ le thymus
B ☐ les ganglions
C ☐ la rate
D ☐ la mœlle osseuse
E ☐ les amygdales

3 Parmi la liste ci-dessous, quels sont les éléments appartenant au mécanisme de défense immunitaire non spécifique ?

A ☐ les muqueuses
B ☐ la peau
C ☐ les lymphocytes T et B
D ☐ la flore commensale
E ☐ les monocytes

4 Quel est le temps minimal pour réaliser une friction hydroalcoolique ?

A ☐ 40 secondes
B ☐ 1 minute
C ☐ 2 minutes
D ☐ 7 secondes
E ☐ un temps suffisamment nécessaire pour que les mains soient totalement sèches.

5 Le choix de la procédure de désinfection d'un dispositif médical dépend de son classement par criticité et par niveau de risque infectieux. Dans quels niveaux de risque infectieux et de criticité est classé un tensiomètre (type brassard avec stéthoscope) ?

A ☐ niveau de risque infectieux haut
B ☐ niveau de risque infectieux bas
C ☐ niveau de risque infectieux médian
D ☐ matériel critique
E ☐ matériel non critique

6 Les principaux facteurs de risque de transmission infectieuse lors d'un AES par piqûre sont :

A ☐ la profondeur de la blessure
B ☐ la charge virale du patient
C ☐ le calibre de l'aiguille
D ☐ la présence visible de souillures sur l'aiguille
E ☐ le sexe du patient

7 Pour réaliser un pansement en asepsie, on dispose d'une paire de gants stériles. Quelle hygiène des mains est recommandée avant de procéder à ce soin ?

A ☐ un lavage simple des mains
B ☐ une friction hydroalcoolique
C ☐ un poudrage des mains au talc
D ☐ un lavage antiseptique
E ☐ aucune hygiène des mains puisque que l'on dispose de gants stériles

8 On considère une bactérie comme une bactérie multirésistante (BMR) dès lors qu'elle résiste aux :

A ☐ antibiotiques
B ☐ antiseptiques
C ☐ désinfectants
D ☐ antalgiques
E ☐ antipyrétiques

9 **Quels déchets d'activité de soins à risques infectieux (DASRI) peut-on éliminer dans un collecteur DASRI pour OPCT (objets piquant coupant tranchants) ?**

A ☐ seringues
B ☐ bandelettes utilisées pour la réalisation de glycémie capillaire
C ☐ petites compresses usagées pour glycémie capillaire
D ☐ aiguilles ayant seulement servies pour la préparation d'une solution injectable et n'ayant pas été en contact avec le patient
E ☐ aiguilles ayant servies pour une injection intramusculaire

10 **Les antiseptiques :**

A ☐ sont soumis à une AMM
B ☐ permettent d'éliminer les microorganismes sur les tissus vivants
C ☐ permettent un résultat momentané
D ☐ sont efficace pour la désinfection d'une surface
E ☐ peuvent être considérés comme un vecteur dans la chaîne épidémiologique

Exo 37.02 QROC

1. Définir le terme *infection associée aux soins* (IAS).
2. Citer les 3 grands principes techniques à mettre en œuvre durant la réalisation du bionettoyage.

Exo 37.03 Mise en situation : port de gants

Vous prenez en soin Madame X, 62 ans, hospitalisée en service de neurochirurgie pour hernie discale. Nous sommes à 24 heures après l'intervention chirurgicale et les suites opératoires ont nécessité la pose d'une sonde urinaire à demeure.

Vous devez réaliser la diurèse des 24 heures en vidangeant cette sonde.

1. Argumenter le fait de porter des gants pour réaliser la diurèse (pourquoi ?).
2. Dans cette situation, quelle personne les gants protègent-ils ?

Corrigé à télécharger gratuitement sur www.editions-foucher.fr – rubrique DEI

38 Introduction à l'UE 2.11

L'UE 2.11 « Pharmacologie et thérapeutiques » est structurée en trois UE de 2 ECTS dispensées sur trois semestres S1, S2 et S5. L'UE 2.11 – semestre 1 est la première UE d'un cycle de trois UE centrées sur la pharmacologie. Elle a pour objectif de permettre aux étudiants d'acquérir les fondamentaux relatifs à la connaissance des médicaments. Selon le référentiel, les futurs infirmiers pourront ainsi « *prendre conscience des risques et dangers liés à l'administration médicamenteuse* ».

Dans cette partie de l'ouvrage, les étudiants pourront s'entraîner à répondre au type de questions correspondant à leur évaluation finale de compétences, à savoir des séries de QCM (questions à choix multiple) et de QROC (questions à réponses ouvertes et courtes).

• Pour effectuer des révisions complètes, les étudiants sont tout d'abord invités à se tester sur les différentes parties décrites dans le référentiel de formation. Ainsi de nombreuses questions abordent les thèmes développés dans le livre de cours *Pharmacologie et thérapeutiques* UE2.11/S1 de la collection « Sup'Foucher infirmier » :

- principes de chimie, formes galéniques et voies d'administration des médicaments ;
- aspects pharmacocinétiques : de l'absorption à l'élimination du principe actif ;
- aspects pharmacodynamiques : les principaux mécanismes d'action et les interactions médicamenteuses ;
- aspects réglementaires, risques et dangers, prescription des médicaments.

• Ensuite, un exemple d'évaluation à réaliser en temps limité pourra être utile pour tester les connaissances en situation réelle.

Nous espérons que ces entraînements sauront répondre aux attentes des étudiants et permettront de les accompagner efficacement tout au long de la formation en soins infirmiers.

THÈME

39 Formes galéniques et administration des médicaments

UE 2.11

QCM 39.01

1 La structure de l'atome de carbone renferme :

A ☒ 6 électrons
B ☐ 6 protons
C ☐ 6 neutrons
D ☒ 6 charges positives uniquement
E ☐ 6 charges négatives uniquement

2 En ce qui concerne la liaison covalente :

A ☒ chaque atome partage un électron de l'une de ses couches électroniques internes
B ☐ on parle de liaison faible
C ☒ l'énergie de liaison est de l'ordre de 200 à 400 $kJ.mol^{-1}$
D ☐ la liaison est toujours simple

3 Un acide en solution :

A ☒ libère des protons
B ☐ accepte des protons
C ☐ libère des ions OH^-
D ☐ augme le pH
E ☒ diminue le pH

4 L'aspirine (R-COOH ou R-COO^- selon le pH) est une molécule dont le pKa = 3,5. Indiquer la ou les propositions exactes parmi les propositions suivantes :

A ☐ elle existe majoritairement sous forme R-COOH au niveau intestinal (pH = 8)
B ☒ elle existe majoritairement sous forme R-COO^- au niveau intestinal (pH = 8)
C ☐ elle existe majoritairement sous forme R-COOH au niveau de l'estomac (pH = 2)
D ☐ elle existe majoritairement sous forme R-COO^- au niveau de l'estomac (pH = 2)

5 **Une solution dont la concentration en ions H^+ vaut 10^{-3} mole.L^{-1} :**
A ☐ a un pH égal à – 3
B ☐ a un pH égal à 13
C ☐ est une solution acide
D ☐ est une solution basique
E ☐ n'est pas une solution neutre

6 **On dissout 500 mg de paracétamol dans un verre d'eau de 25 cL :**
A ☐ la concentration de paracétamol obtenue est de 1 g.L^{-1}
B ☐ la concentration de paracétamol obtenue est de 2 g.L^{-1}
C ☐ la concentration de paracétamol obtenue est de 2 %
D ☐ la concentration de paracétamol obtenue est de 1 mg.mL^{-1}

7 **Pour obtenir 0,1 L d'une solution de KCl à 10 mg.L^{-1} à partir d'une ampoule de 10 mL de KCl à 0,1 g.L^{-1} :**
A ☐ on réalise une dilution au 1/100e
B ☐ on additionne le contenu de l'ampoule à 900 mL d'eau stérile
C ☐ on additionne le contenu de l'ampoule à 90 mL d'eau stérile
D ☐ on additionne le contenu de l'ampoule à 99 mL d'eau stérile
E ☐ c'est impossible

8 **On dissout 1 g d'aspirine dans 10 cL d'eau :**
A ☐ la concentration finale de cette solution est de 1 mg.mL^{-1}
B ☐ la concentration finale de cette solution est de 10 g.L^{-1}
C ☐ en divisant la concentration massique par la masse molaire, on en déduit la concentration molaire en mol.L^{-1}
D ☐ en multipliant la concentration massique par la masse molaire, on en déduit la concentration molaire en mol.L^{-1}.

9 **La science et l'art de préparer, conserver et présenter les médicaments est appelée :**
A ☐ pharmacie
B ☐ galénique
C ☐ pharmacotechnologie
D ☐ biotechnologie

Formes galéniques et administration des médicaments

10 **On appelle « excipient », une substance :**

A ☐ indispensable à la mise en forme du médicament
B ☐ améliorant systématiquement le goût et la conservation du médicament
C ☐ active sur le plan pharmacologique
D ☐ sans activité thérapeutique
E ☐ inerte vis à vis du matériau de conditionnement du médicament

11 **Les principaux avantages des comprimés pour la voie orale sont :**

A ☐ la facilité pour les croquer
B ☐ une très bonne biodisponibilité
C ☐ une dissolution facile dans les sucs digestifs
D ☐ un dosage précis
E ☐ un coût de production réduit
F ☐ une bonne conservation
G ☐ une très bonne acceptabilité du patient

12 **Quelles sont, parmi les propositions suivantes, les principales formes galéniques pour la voie cutanée**

A ☐ gélules
B ☐ patchs
C ☐ pommades
D ☐ crèmes
E ☐ gels
F ☐ glossettes

13 **Indiquer les voies d'administration faisant partie des voies parentérales :**

A ☐ la voie transmuqueuse
B ☐ la voie transdermique
C ☐ la voie sous-cutanée
D ☐ la voie intramusculaire
E ☐ la voie intraveineuse
F ☐ la voie intradermique

14 Les produits administrables par voie intraveineuse sont :

A ☒ les solutions stériles
B ☐ les solutions acides
C ☐ les produits irritants
D ☒ les solutions neutres
E ☐ les produits insolubles stériles
F ☒ les produits limpides et apyrogènes

15 La voie orale n'est pas utilisable dans les situations suivantes :

A ☒ le patient est atteint d'une pathologie rénale
B ☐ le principe actif subit une dégradation possible au niveau du foie
C ☐ le patient est atteint de vomissements fréquents
D ☐ le médicament destiné à un traitement général est dégradé dans le tube digestif
E ☒ le médicament destiné à un traitement général n'est pas absorbé au contact de la muqueuse digestive
F ☐ le principe actif présente un mauvais goût en bouche

Exo 39.02 QROC

1. Qu'appelle-t-on « soluté » et « solvant » ?

2. Le glucose a pour formule chimique $C_6H_{12}O_6$. Calculer sa masse molaire M.

Données : M(C) = 12 g/mol, M(H) = 1 g/mol, M(O) = 16 g/mol

3. À partir de l'équation d'Henderson-Hasselbach, calculer le pourcentage de la forme AH lorsque le pH est une unité au-dessous du pKa d'un acide AH.

Donnée : $pH = pKa + \log [A^-]/[AH]$

4. Qu'est-ce que le « principe actif » d'un médicament ?

5. De quoi dépend le choix de la voie d'administration du médicament ?

6. Citer les deux formes de comprimés dont la libération du principe actif est continue. Expliquer le principe de cette libération.

THÈME

40 Aspects pharmacocinétiques

UE 2.11

QCM 40.01

1 La pharmacocinétique s'intéresse :

A ☐ à l'absorption du principe actif
B ☐ aux interactions avec d'autres molécules
C ☐ à une description qualitative et quantitative du devenir en fonction du temps d'un médicament
D ☐ aux mécanismes d'action
E ☐ à l'évolution des concentrations d'un médicament dans l'organisme
F ☐ à la distribution au niveau des tissus
G ☐ à la fixation sur les récepteurs

2 La voie intraveineuse (IV) est la voie d'administration :

A ☐ où l'absorption est minimale
B ☐ qui permet à toute la dose d'atteindre la circulation générale
C ☐ la plus rapide au niveau du délai d'action
D ☐ qui présente la meilleure biodisponibilité

3 La liaison d'un principe actif aux protéines plasmatiques entraîne la (les) conséquence(s) suivante(s) :

A ☐ seule la forme libre est distribuée
B ☐ seule la forme libre pourra être active
C ☐ la forme liée et la forme libre sont distribuées

4 L'aspirine, molécule acide faible (pK_A = 3,5), présente un rapport $[A^-]/[AH] < 1$ à pH acide :

A ☐ l'aspirine est facilement et bien absorbée au niveau de la cavité buccale
B ☐ l'aspirine est facilement et bien absorbée au niveau de l'œsophage
C ☐ l'aspirine est facilement et bien absorbée au niveau de l'estomac
D ☐ l'aspirine est facilement et bien absorbée au niveau de l'intestin
E ☐ la fraction non ionisée est majoritaire
F ☐ la fraction non ionisée est minoritaire
G ☐ la fraction ionisée est minoritaire
H ☐ la fraction non ionisée est majoritaire

5 La fixation d'un principe actif médicamenteux au niveau des protéines plasmatiques/tissulaires :

A ☐ accélère l'élimination à partir du compartiment plasmatique
B ☐ constitue un stockage important du principe actif
C ☐ atténue les effets de « pic » (concentration maximale) et de « vallée » (concentration minimale) des concentrations plasmatiques
D ☐ retarde le passage vers les tissus
E ☐ diminue potentiellement l'action du principe actif dans le temps

6 Les réactions de biotransformations pour un principe actif médicamenteux :

A ☐ sont fonctionnalisation puis conjugaison
B ☐ sont conjugaison puis fonctionnalisation
C ☐ sont à l'origine de molécules plus hydrosolubles
D ☐ facilitent l'excrétion du médicament
E ☐ sont indissociables
F ☐ sont à l'origine de molécules plus liposolubles

7 La filtration rénale d'un principe actif médicamenteux :

A ☐ est un processus passif
B ☐ dépend de la pression régnant dans l'artériole afférente
C ☐ siège au niveau du tubule du néphron
D ☐ est liée à la pression sanguine des capillaires péritubulaires
E ☐ n'est pas sélective pour la majorité des constituants plasmatiques

8 La diffusion tissulaire d'un principe actif médicamenteux dépend de certaines caractéristiques :

A ☐ le débit sanguin tissulaire : la distribution est d'autant plus rapide qu'elle concerne des organes ou tissus bien perfusés
B ☐ la forme galénique du médicament
C ☐ la capacité de fixation aux protéines plasmatiques et/ou tissulaires
D ☐ la voie d'élimination préférentielle du principe actif

9 **Après biotransformation en métabolites actifs au niveau du foie, un principe actif peut subir un cycle entéro-hépatique. On constate donc que le principe actif :**

A ☐ a un temps de demi-vie augmenté
B ☐ ne subit pas de modification pharmacocinétique
C ☐ a un temps de demi-vie diminué

10 **Pour le traitement de la crise d'angine de poitrine, on administre de la trinitrine sous forme de pulvérisation buccale et à garder sous la langue car :**

A ☐ l'absorption du médicament est lente
B ☐ la dose administrée est plus précise
C ☐ la forme galénique permet d'éviter le 1er passage hépatique
D ☐ la muqueuse buccale possède une grande vascularisation

Exo 40.02 QROC

1. Quelles sont les différentes étapes pharmacocinétiques après libération du principe actif ?

2. Donner la définition de la *biodisponibilité*.

3. Un médicament dosé à 1 g de principe actif est administré en une fois par voie intraveineuse à t_0. En utilisant les données du tableau ci-dessous, établir la régression linéaire. En déduire les paramètres pharmacocinétiques Ke, constante d'élimination, $t_{1/2}$, temps de demi-vie, V_d, volume de distribution, et Cl, clairance, en justifiant le calcul.

Temps après administration (heure)	1	2	3	4	5
C : Concentration plasmatique ($\mu g.L^{-1}$)	16,0	9,8	5,8	3,6	2,2

4. Définir le terme « clairance ». Quelles unités sont associées à l'expression de la clairance ?

41 Aspects pharmacodynamiques

QCM 41.01

1 La transmission d'un signal extracellulaire par l'intermédiaire d'un récepteur métabotropique exige :

A ☐ un récepteur nucléaire
B ☐ un récepteur couplé à une protéine G
C ☐ une protéine G
D ☐ un récepteur enzyme
E ☐ un effecteur toujours enzymatique

2 Le principal médicament qui agit en libérant de l'acétylcholine est le cisapride. Il est qualifié de :

A ☐ cholinolytique
B ☐ antagoniste cholinergique
C ☐ cholinomimétique direct
D ☐ cholinomimétique indirect

3 Le récepteur $GABA_A$ est un récepteur canal concernant les ions de type :

A ☐ Cl^-
B ☐ Na^+
C ☐ K^+
D ☐ Ca^{2+}

4 Le résultat de l'activation du récepteur enzyme de type guanylate cyclase est :

A ☐ une synthèse de GMP_c
B ☐ une phosphorylation croisée
C ☐ un transfert de phosphate à partir du GTP
D ☐ une déphosphorylation

41 SUITE Aspects pharmacodynamiques

5 On parle d'agoniste partiel :

A ☐ lorsque l'activité intrinsèque d'un agoniste est nulle
B ☐ lorsque l'activité intrinsèque d'un agoniste est égale à 1
C ☐ lorsque l'activité intrinsèque d'un agoniste est comprise entre 0 et 1

6 La voie de l'adénylate cyclase implique la synthèse d'un second messager de type :

A ☐ AMP_c
B ☐ Ca^{2+}
C ☐ IP_3
D ☐ GMPc
E ☐ DAG

7 En général, les récepteurs qui concernent des ligands liposolubles sont :

A ☐ les récepteurs métabotropiques
B ☐ les récepteurs enzymes
C ☐ les récepteurs nucléaires
D ☐ les récepteurs ionotropiques

8 Les récepteurs de type ionophore sont :

A ☐ des récepteurs ionotropiques
B ☐ des glycoprotéines trimériques ou pentamériques en général
C ☐ des canaux voltage-dépendants
D ☐ des canaux couplés à des récepteurs métabotropiques

9 La désensibilisation d'un récepteur correspond à :

A ☐ une internalisation du récepteur membranaire
B ☐ une inhibition de l'action du récepteur
C ☐ une séquestration du récepteur
D ☐ une externalisation du récepteur membranaire

Exo 41.02 QROC

1. Quelles sont les quatre grandes sous-familles de récepteurs enzymatiques ?

2. Préciser les différentes étapes du fonctionnement du récepteur nicotinique. Quelle réponse obtient-on après stimulation d'un tel récepteur au niveau de la cellule musculaire ?

3. Quelles sont les cibles possibles au niveau moléculaire pour expliquer l'action des médicaments ?

THÈME 42 Aspects réglementaires et prescription des médicaments

UE 2.11

QCM 42.01

1 Pour une spécialité pharmaceutique, la DCI désigne :

A ☐ dénomination commune interne
B ☒ dénomination commune internationale
C ☐ dénomination commerciale internationale
D ☐ dénomination commerciale interne

2 La préparation magistrale concerne :

A ☐ tout médicament préparé à l'avance par l'industrie pharmaceutique
B ☐ tout médicament préparé extemporanément en pharmacie selon une prescription destinée à un patient déterminé
C ☐ tout médicament préparé à l'avance en pharmacie selon les indications de la pharmacopée
D ☒ tout médicament préparé dans une pharmacie à usage intérieur d'un établissement de santé en raison de l'absence de spécialité pharmaceutique disponible ou adaptée.

3 L'exclusivité de la commercialisation d'un médicament expire en principe après :

A ☒ 10 ans
B ☐ 20 ans
C ☐ 25 ans
D ☐ 30 ans

4 L'AMM désigne :

A ☐ l'autorisation de marché des médicaments
B ☐ l'acte de mise sur le marché
C ☐ l'autorisation médicale pour les médicaments
D ☒ l'autorisation de mise sur le marché

42 SUITE Aspects réglementaires et prescription des médicaments

5 Une demande d'AMM pour un médicament destiné à être prescrit en France peut être déposée auprès de :

A ☐ l'EMA
B ☐ la FDA
C ☐ l'ANSM
D ☐ la HAS
E ☐ la DGS

6 Les médicaments que l'on peut délivrer sans ordonnance sont :

A ☐ les médicaments de la liste I
B ☐ les médicaments de la liste II
C ☐ les médicaments stupéfiants
D ☐ les médicaments officinaux
E ☐ les médicaments OTC
F ☐ les médicaments homéopathiques

7 La prescription de médicaments appartenant aux stupéfiants :

A ☐ est limitée à 5 jours en général
B ☐ est possible pour 14 jours pour certaines formes
C ☐ peut être limitée à 6 jours en général
D ☐ peut être limitée à 7 jours
E ☐ est inscrite en toutes lettres pour sa posologie
F ☐ est possible pour 28 jours pour certains médicaments

8 Une ordonnance sécurisée :

A ☐ concerne uniquement la prescription de médicaments à usage humain
B ☐ ne peut être photocopiée
C ☐ comporte en bas à gauche un carré labellisé
D ☐ doit indiquer en chiffres, dans le carré labellisé, le nombre total de médicaments stupéfiants prescrits

9 Le Comité technique de pharmacovigilance a pour mission :

A ☐ de fournir un avis au ministre chargé de la santé et au directeur général de l'ANSM sur les mesures à prendre

B ☐ de proposer au ministre chargé de la santé et au directeur général de l'ANSM les enquêtes et travaux qu'elle estime utiles à l'exercice de la pharmacovigilance

C ☐ de sanctionner les laboratoires en supprimant l'AMM du médicament incriminé

D ☐ d'évaluer les informations sur les effets indésirables des médicaments

E ☐ de restreindre la commercialisation pour certaines formes ou certains dosages

10 Un effet nocebo est :

A ☐ induit par la prise du médicament

B ☐ de nature psychique

C ☐ lié à la nature ou les effets pharmacodynamiques du principe actif

D ☐ individuel

E ☐ non aléatoire

F ☐ à l'origine de très nombreuses pathologies graves

11 La notion de « iatrogénèse » est liée :

A ☐ à une erreur médicale

B ☐ à des intoxications volontaires et aux toxicomanies

C ☐ uniquement à un acte médical

D ☐ à l'administration d'un médicament

E ☐ à un acte médical

12 En France qui doit obligatoirement déclarer les effets indésirables graves auprès des centres régionaux de pharmacovigilance (CRPV) ?

A ☐ les médecins

B ☐ les chirurgiens-dentistes

C ☐ les sages-femmes

D ☐ les pharmaciens

E ☐ les patients

F ☐ les associations de patients

G ☐ les infirmiers

Aspects réglementaires et prescription des médicaments

13 On peut dire que l'érythromycine est un inhibiteur enzymatique car elle :

A ☐ diminue l'absorption d'autres médicaments
B ☐ augmente l'activité du CYP3A4
C ☐ modifie le métabolisme d'un autre médicament métabolisé par le même cytochrome P450
D ☐ diminue la concentration d'autres médicaments métabolisés de la même manière
E ☐ diminue l'activité du CYP3A4
F ☐ diminue la toxicité d'autres médicaments cibles du CYP3A4

14 Chez les métaboliseurs lents, on observe :

A ☐ la synthèse d'une enzyme métabolique « déficiente »
B ☐ une diminution de toxicité pour les médicaments inactivés par l'enzyme concernée
C ☐ un risque d'inefficacité thérapeutique pour les médicaments qui nécessitent une activation par l'enzyme concernée pour être actif
D ☐ aucune modification métabolique

Exo 42.02 QROC

1. Donner la définition du *médicament* au sens de l'article L. 5111.1 du Code de la santé publique.
2. Donner la définition de la *spécialité générique*.
3. Définir les acronymes suivants :
- *ANSM* ;
- *CSP* ;
- *OTC* ;
- *OMS* ;
- *ATC/DDD*.
4. Définir la *pharmacovigilance* et préciser ses missions.
5. Qu'est-ce qu'un effet indésirable pour un médicament selon l'OMS ?
6. Qu'appelle-t-on dose usuelle pour la posologie d'un médicament ?

43 Examen blanc

QCM 43.01

1 Un anion est un ion qui :

A ☐ contient un excès de protons par rapport à l'atome correspondant
B ☐ contient un excès d'électrons par rapport à l'atome correspondant
C ☐ contient un nombre de neutrons différent de celui de l'atome correspondant
D ☐ est chargé négativement
E ☐ est chargé positivement

2 2. La liaison hydrogène :

A ☐ s'établit entre les atomes H et C
B ☐ s'établit entre les atomes H et O
C ☐ implique des interactions électrostatiques
D ☐ est une liaison de faible énergie

3 La voie transdermique présente en général les caractéristiques suivantes :

A ☐ une visée locale
B ☐ une visée générale
C ☐ est susceptible d'entraîner une diffusion générale du médicament

4 La voie pulmonaire n'est pas :

A ☐ utilisée pour sa rapidité d'absorption
B ☐ une voie d'élimination rapide
C ☐ une voie d'absorption et d'élimination lente
D ☐ uniquement utilisée pour des traitements locaux

43 SUITE Examen blanc

5 La diffusion tissulaire d'un principe actif médicamenteux dépend :

A ☐ du débit sanguin tissulaire : la distribution est d'autant plus rapide qu'elle concerne des organes ou tissus bien perfusés.
B ☐ de la forme galénique du médicament
C ☐ de la capacité de fixation aux protéines plasmatiques et/ou tissulaires
D ☐ de la voie d'élimination préférentielle du principe actif

6 La fixation d'un principe actif médicamenteux au niveau des protéines plasmatiques/tissulaires :

A ☐ accélère l'élimination à partir du compartiment plasmatique
B ☐ constitue un stockage important du principe actif
C ☐ atténue les effets de « pic » (concentration maximale) et de « vallée » (concentration minimale) des concentrations plasmatiques
D ☐ retarde le passage vers les tissus
E ☐ diminue potentiellement l'action du médicament dans le temps

7 Après biotransformation en métabolites actifs au niveau du foie, un principe actif peut subir un cycle entéro-hépatique. On constate donc que le principe actif :

A ☐ a un temps de demi-vie augmenté
B ☐ ne subit pas de modification pharmacocinétique
C ☐ a un temps de demi-vie diminué

8 Une molécule qui se fixe uniquement aux récepteurs β_2 noradrénergiques est liée à la (aux) propriété (s) suivante (s) du récepteur :

A ☐ réversibilité
B ☐ affinité
C ☐ spécificité
D ☐ saturation

9 Un récepteur canal ionique est un ionophore glycoprotéique constitué de :

A ☐ deux sous-unités protéiques
B ☐ trois sous-unités protéiques
C ☐ quatre sous-unités protéiques
D ☐ cinq sous-unités protéiques
E ☐ six sous-unités protéiques

10 La (les) sous-unité(s) d'une protéine G hétérotrimérique qui possède(nt) la capacité de lier le GTP est :

A ☐ la sous-unité α

B ☐ la sous-unité β

C ☐ la sous-unité γ

D ☐ le complexe β-γ

11 Le muscimol, alcaloïde des amanites, est un agoniste des récepteurs $GABA_A$. Il a sur le fonctionnement neuronal une action :

A ☐ inhibitrice

B ☐ stimulante

C ☐ hypnotique

12 Dans la représentation graphique suivante :

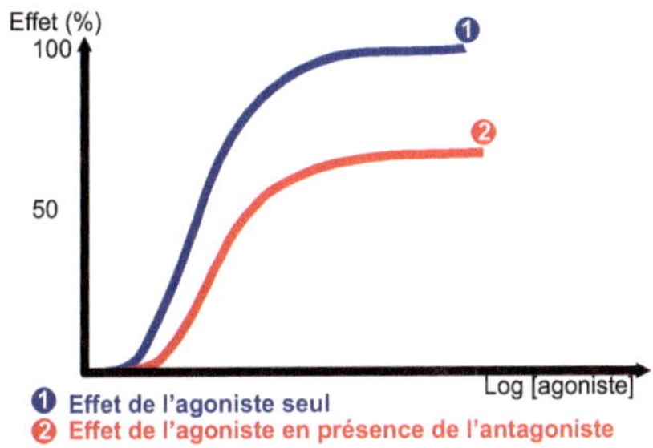

Il s'agit d'un antagonisme :

A ☐ non compétitif

B ☐ compétitif

C ☐ ni l'un, ni l'autre

Examen blanc

13 L'activation de l'activité de type tyrosine kinase d'un RTK a pour conséquence :

A ☐ une activation des protéines hétérotrimériques de type Gs
B ☐ une déphosphorylation croisée intermoléculaire
C ☐ une phosphorylation croisée intermoléculaire
D ☐ une interaction avec des molécules de signalisation possédant des domaines SH_2

14 Les cholinolytiques :

A ☐ sont des agonistes cholinergiques
B ☐ sont parfois des ganglioplégiques
C ☐ sont parfois des curarisants
D ☐ inhibent spécifiquement certains types de récepteurs cholinergiques
E ☐ sont des antagonistes cholinergiques

15 La principale différence entre un toxique et un médicament tient à :

A ☐ la forme galénique
B ☐ la voie d'administration
C ☐ la capacité métabolique de l'organisme
D ☐ la dose administrée
E ☐ la voie du signal moléculaire engagée pour l'action

16 La discipline chargée d'étudier les effets des médicaments sur les populations utilisatrices en situation réelle est :

A ☐ la pharmacoépidémiologie
B ☐ la pharmacovigilance
C ☐ la toxicologie
D ☐ la pharmacocinétique
E ☐ la pharmacodynamie

17 Ne sont pas considérés comme médicaments :

A ☐ les produits pour la désinfection des locaux
B ☐ les produits de contraste utilisés en imagerie médicale
C ☐ les produits homéopathiques
D ☐ les vaccins et immunosuppresseurs

18 **Le développement préclinique permet d'évaluer :**
A ☐ les doses à préconiser
B ☐ le degré de tolérance du médicament
C ☐ l'efficacité du médicament chez l'homme
D ☐ les réactions de biotransformations
E ☐ la voie d'administration la mieux adaptée

19 **Le dossier de demande d'AMM démontre :**
A ☐ l'innocuité du produit
B ☐ la qualité du produit
C ☐ l'efficacité du produit
D ☐ un rapport qualité/coût important
E ☐ le caractère remboursable par les organismes de protection sociale

20 **Concernant un médicament appartenant à la liste I, le renouvellement est :**
A ☐ possible pendant 12 mois
B ☐ systématiquement possible
C ☐ possible sauf si le prescripteur l'interdit
D ☐ impossible sauf si le prescripteur l'autorise
E ☐ possible pendant 6 mois

21 **Ne sont pas autorisés à prescrire sur ordonnance les médicaments destinés à l'usage humain :**
A ☐ les médecins généralistes
B ☐ les vétérinaires
C ☐ les sages-femmes
D ☐ les orthophonistes
E ☐ les chirurgiens-dentistes

Exo 43.02 QROC

1. Qu'est-ce que le pH d'une solution ? Comment le calcule-t-on ?
2. La perméabilité de la peau à un médicament dépend en partie de la liposolubilité du médicament. De quels autres paramètres dépend également cette perméabilité ?
3. Quels sont les principaux objectifs des innovations galéniques ?
4. Qu'est-ce que la phase galénique pour un médicament ?
5. Définir le temps de demi-vie ou $t_{1/2}$
6. Définir le *Steady state* ?
7. Définir la notion de *modèle à un compartiment*
8. À partir des courbes d'évolution (VO et IV) de la concentration plasmatique (Cp) d'un principe actif en fonction du temps (t), établir la relation qui permet d'apprécier le facteur quantitatif de la biodisponibilité (F).
9. Définir les termes *interactions homotropiques* et *interactions hétérotropiques*.
10. Qu'est-ce que la *transduction du signal* lors de l'interaction ligand-récepteur ?
11. Préciser les principales mentions figurant sur le conditionnement primaire d'un médicament.
12. Donner la définition du *mésusage* du médicament.
13. Définir la *tératogénicité* pour un médicament.
14. Quels sont les rôles des IDE dans l'administration et la prescription des médicaments ?
15. L'IDE doit effectuer une vérification critique de la prescription de médicament. Quels sont ses obligations en la matière ?

Corrigé à télécharger gratuitement sur www.editions-foucher.fr – rubrique DEI

2 Naissance de la psychologie personnelle

Corrigé QCM 02.01

1. **A ; B ; C : Vrai** – D ; E : Faux
2. A ; B : Faux – **C ; D ; E : Vrai**
3. **A ; B : Vrai** – C : Faux – **D : Vrai**
4. A : Faux – **B : Vrai** – C : Faux – **D : Vrai** – E : Faux
5. A : Faux – **B ; C : Vrai** – D ; E : Faux
6. A : Faux – **B ; C ; D : Vrai** – E : Faux
7. **A ; B ; C ; D ; E : Vrai**
8. A : Faux – **B ; C : Vrai** – D : Faux – **E : Vrai**
9. **A : Vrai** – B ; C ; D ; E : Faux
10. A : Faux – **B ; C : Vrai** – D : Faux – **E : Vrai**
11. **A : Vrai** – B : Faux – **C ; D : Vrai** – E : Faux
12. **A ; B : Vrai** – C : Faux – **D ; E : Vrai**
13. **A ; B ; C ; D : Vrai**
14. A : Faux – **B ; C ; D ; E : Vrai**
15. **A ; B ; C : Vrai** – D : Faux
16. **A ; B ; C ; D : Vrai** – E : Faux
17. A ; B : Faux – **C ; D ; E : Vrai**

18 A : Faux – **B ; C ; D : Vrai** – E : Faux

19 **A ; B ; C : Vrai** – D : Faux

20 **A ; B ; C : Vrai** – D : Faux

21 A : Faux – **B ; C ; D : Vrai** – E : Faux

22 **A ; B ; C : Vrai** – D : Faux – **E : Vrai**

23 **A ; B ; C ; D : Vrai** – E : Faux

24 **A ; B ; C ; D : Vrai** – E : Faux

Corrigé exo 02.02

1. 1 : *d* ; 2 : *a* ; 3 : *c* ; 4 : *b*.

2. 1 :*a* ; 2 : *d* ; 3 : *e* ; 4 : *c* ; 5 : *b*

3. 1 : *a* ; 2 : *d* ; 3 : *c* ; 4 : *b*

4. 1 : *f* ; 2 : *d* ; 3 : *c* ; 4 : *b* ; 5 : *e* ; 6 : *a*

3 Enfance et adolescence

Corrigé QCM 03.01

1. **A ; B : Vrai** – C : Faux – **D : Vrai** – E : Faux
2. **A ; B ; C : Vrai** – D ; E : Faux
3. **A ; B : Vrai** – C ; D : Faux – **E : Vrai**
4. **A ; B : Vrai** – C : Faux – **D ; E : Vrai**
5. **A ; B ; C ; D : Vrai** – E : Faux
6. **A : Vrai** – B : Faux – **C : Vrai** – D : Faux – **E : Vrai**
7. **A : Vrai** – B : Faux – **C : Vrai** – D ; E : Faux
8. A ; B : Faux – **C ; D ; E ; F : Vrai**
9. **A : Vrai** – B : Faux – **C ; D ; E : Vrai**
10. **A : Vrai** – B : Faux – **C ; D ; E : Vrai**
11. A : Faux – **B ; C : Vrai** – D : Faux – **E : Vrai**
12. **A : Vrai** – B : Faux – **C ; D ; E ; F : Vrai**
13. A : Faux – **B ; C : Vrai** – D : Faux – **E : Vrai**
14. A : Faux – **B ; C : Vrai** – D : Faux
15. **A ; B : Vrai** – C : Faux – **D ; E : Vrai**
16. **A ; B ; C : Vrai** – D : Faux – **E ; F : Vrai**

Corrigé exo 03.02

1 : d ; 2 : b ; 3 : a ; 4 : c

4 Aspects de la personnalité

Corrigé QCM 04.01

1. A : Faux – **B ; C ; D : Vrai**
2. **A ; B : Vrai** – C ; D : Faux – **E : Vrai**
3. A ; B : Faux – **C : Vrai** – D : Faux – **E : Vrai**
4. **A ; B ; C : Vrai** – D : Faux – **E : Vrai**
5. A : Faux – **B ; C ; D : Vrai** – E : Faux
6. A : Faux – **B : Vrai** – C ; D ; E : Faux
7. **A ; B ; C : Vrai** – D : Faux – **E : Vrai**
8. A : Faux – **B ; C : Vrai** – D : Faux – **E : Vrai**
9. **A : Vrai** – B : Faux – **C : Vrai** – D : Faux
10. **A : Vrai** – B : Faux – **C ; D : Vrai** – E : Faux
11. **A ; B : Vrai** – C ; D : Faux – **E : Vrai**
12. A ; B : Faux – **C ; D ; E : Vrai**
13. **A ; B : Vrai** – C ; D : Faux – **E : Vrai**
14. **A ; B ; C : Vrai** – D : Faux
15. **A ; B : Vrai** – C ; D : Faux – **E : Vrai**
16. **A ; B : Vrai** – C : Faux – **D : Vrai** – E : Faux
17. **A ; B : Vrai** – C ; D ; E : Faux
18. **A ; B ; C ; D : Vrai** – E : Faux

19 A : Faux – **B : Vrai** – C ; D : Faux – **E : Vrai**

20 **A : Vrai** – B : Faux – **C ; D ; E : Vrai**

21 A : Faux – **B : Vrai** – C : Faux – **D : Vrai**

22 A ; B : Faux – **C : Vrai** – D : Faux – **E : Vrai**

Corrigé exo 04.02

1. 1 : *a* ; 2 : *c* ; 3 : *e* ; 4 : *d* ; 5 : *b*

2. 1 : *a* ; 2 : *b* ; 3 : *d* ; 4 : *c*

5 Personne et société

Corrigé QCM 05.01

1. A : Faux – **B ; C ; D : Vrai** – E : Faux
2. A : Faux – **B ; C : Vrai** – D ; E : Faux
3. **A : Vrai** – B ; C : Faux – **D : Vrai**
4. **A : Vrai** – B ; C : Faux – **D ; E : Vrai**
5. **A ; B : Vrai** – C ; D : Faux – **E : Vrai**
6. **A ; B : Vrai** – C : Faux – **D ; E : Vrai**
7. A : Faux – **B ; C ; D ; E : Vrai**
8. A : Faux – **B ; C : Vrai** – D ; E : Faux
9. **A ; B : Vrai** – C : Faux – **D ; E : Vrai**
10. A ; B : Faux – **C ; D : Vrai**
11. **A ; B : Vrai** – C ; D : Faux
12. **A ; B ; C ; D : Vrai** – E ; F : Faux – **G : Vrai**
13. **A ; B : Vrai** – C : Faux – **D ; E : Vrai**
14. A : Faux – **B ; C ; D : Vrai** – E : Faux
15. **A : Vrai** – B : Faux – **C ; D : Vrai**
16. A : Faux – **B ; C ; D : Vrai** – E : Faux
17. **A ; B ; C : Vrai** – D : Faux – **E : Vrai**
18. A : Faux – **B : Vrai** – C : Faux – **D ; E : Vrai**

19 **A ; B : Vrai** – C : Faux – **D ; E : Vrai**

20 **A ; B : Vrai** – C : Faux – **D ; E ; F ; G : Vrai** – H : Faux – **I : Vrai** – J : Faux

21 **A ; B : Vrai** – C : Faux – **D ; E ; F : Vrai**

22 A : Faux – **B : Vrai** – C : Faux – **D : Vrai** – E ; F : Faux

Corrigé exo 05.02

1. 1 : *c* ; 2 : *a* ; 3 : *b*

2. 1 : *d* ; 2 : *c* ; 3 : *b* ; 4 : *a*

3. 1 : *a* ; 2 : *d* ; 3 : *c* ; 4 : *b*

4. 1 : *c* ; 2 : *a* ; 3 : *b*

5. 1 : *c* ; 2 : *b* ; 3 : *d* ; 4 : *a*

6. 1 : *b* ; 2 : *c* ; 3 : *a* ; 4 : *d*

7. 1 : *c* ; 2 : *d* ; 3 : *b* ; 4 : *a*

CORRIGÉ

6 Examen blanc – Aix-Marseille

UE 1.1

Corrigé exo 06.01 Examen blanc inter-IFSI

Thème 1 – Le normal et le pathologique

A. Vrai – B. Faux – C. Faux – D. Vrai – E. Faux – F. Vrai

Pour Claude Bernard :

- l'**état pathologique** n'est pas un état nouveau, qualitativement différent mais une continuité de l'état normal avec une variation quantitative ;
- ces idées sont en opposition avec celles de Canguilhem.

Pour Canguilhem : l'**état pathologique** n'est pas une simple modification quantitative mais est aussi une modification qualitative de l'état normal. Il va plus loin en précisant que c'est un état qui ne se distingue pas simplement par le plus ou le moins mais par un état *autre*. Ainsi, l'état pathologique n'est pas opposable à l'état normal (c'est-à-dire à l'état de normes prédéfinies), considérant que cet état *autre* se défini aussi, de fait, dans des normes qui lui sont propres. La maladie étiquetée comme tel selon des normes prédéfinies sur la base d'une généralité, ne fait pas de celui qui la porte un être malade. Ainsi le vécu de l'individu, sa vision de son être va le définir non pas comme étant dans un état pathologique mais bien dans un état autre. L'état pathologique n'est pas le contraire vital de normal mais une altération de l'état de santé et par conséquent le contraire vital de sain. Ainsi, la norme n'est pas la moyenne statistique. Chaque individu est à même de se sentir ou non en santé, la référence à une norme est un jugement de valeur « normatif » qui ne peut être posé que par l'individu afin de préserver la notion d'individualité, de singularité. Les concepts de santé et maladie, de normal et pathologique sont pour Canguilhem deux pôles qui mènent à l'équilibre vital, ainsi la santé ne peut être résumée par l'absence de maladie. La vision normative de l'être lui enlève toute possibilité d'être déclaré sain, c'est-à-dire exempt de toute anomalie visible ou non.

Thème 2 – Psychologie analytique

• Sujet 1 :

A. Faux. S. Freud a défini la structure mentale selon différents points de vue : topique – économique – dynamique. Le point de vue topique est encore appelé la **théorie des lieux** faisant référence à l'analogie que S. Freud fait entre la structure mentale et la structure d'un appartement.

B. Vrai. L'inconscient : lieu des pulsions, des besoins, des peurs, des désirs, des souvenirs honteux, des pensées immorales. Entre chaque système, il existe ce que S. Freud nomme dans le texte un gardien, qui est un filtre : la censure. Cette censure existe entre chaque système mais elle est plus ou moins forte, rigoureuse selon les frontières. Les éléments inacceptables sont refoulés vers l'inconscient, c'est ce que l'on nomme le refoulement.

C. Faux. La censure entre l'inconscient et le préconscient est extrêmement rigoureuse. Elle ne laisse passer que les éléments acceptables à la conscience quitte à les transformer, les déguiser. Avant d'atteindre la conscience, les éléments passent de l'inconscient au préconscient afin de s'assurer qu'ils peuvent être acceptés par la conscience.

D. Vrai. Le préconscient : lieu de transit des représentations non encore conscientes mais qui peuvent le devenir. La censure entre le préconscient et le conscient est moins sévère le premier filtre ayant joué son rôle de censeur.

E. Vrai. Lors des rêves, la censure se relâche et laisse l'inconscient s'exprimer librement : le rêve est considéré comme un accès direct à l'inconscient.

F. Faux. Le conscient : lieu ouvert aux mondes extérieur et intérieur, lieu des sensations (plaisir/déplaisir). Les pulsions sont contenues dans l'inconscient.

• Sujet 2 :

A. Vrai. L'idéal du moi est une substructure du Surmoi (1923). Il se construit progressivement en s'identifiant aux personnes qui ont une influence sur l'enfant sur le plan émotionnel, le plus souvent se sont les parents. Le sujet cherche en permanence à s'identifier au modèle de perfection ainsi créé. De ce fait, le Moi se construit par rapport à cet idéal qui est une référence pour le sujet.

B. Faux. Les pulsions sont une voie permettant aux besoins, issus du corps, de s'exprimer au psychisme ainsi le besoin est bien au fondement même de l'être et la pulsion une expression de ce besoin.

C. Vrai. Le Surmoi a un rôle de censeur par rapport au Moi et au Ça, c'est la conscience au sens moral. Il se construit en intériorisant les interdits parentaux, sociétaux, culturels et rentre, de par sa fonction, en conflit permanent avec les pulsions. En lien avec l'Idéal du moi, il suscite un sentiment de culpabilité lorsque le sujet ne se conforme pas à ses exigences. Ainsi, il représente le monde de la censure.

D. Faux. Le **complexe d'Œdipe** est certes né en référence à la mythologie grecque mais concerne les deux sexes. Il est vécu différemment selon que l'on soit un garçon ou une fille mais est le témoin d'une progression psychique permettant à l'enfant de s'identifier aux parents du même sexe et lui apprenant à gérer les ambiguïtés de ses sentiments, de ses désirs.

E. Vrai. Dans le point de vue dynamique évoqué par S. Freud, le **conflit psychique** résulte de la présence de deux besoins en contradiction générant ainsi une tension psychique. *Ex.* : besoin de séduire un autre partenaire que le sien alors que l'interdiction du surmoi peut être excessivement forte dans ce domaine.

F. Faux. Les **pulsions sexuelles** décrit par S. Freud sont des pulsions dominées par le principe de plaisir, cherchant le bonheur et la jouissance et ne se résument pas à l'activité sexuelle.

➤ Thème 3 – Psychologie cognitive

• Sujet 1 :

A. Vrai. Elle permet de sélectionner l'information (interne ou externe) et de la maintenir dans la conscience en se fermant plus ou moins au reste du monde.

B. Faux. L'attention se distingue de la vigilance qui regroupe les phénomènes d'éveil ou de veille. Ainsi, on peut être vigilant (éveillé) mais pas attentif (concentré). *A contrario* on ne peut pas être attentif si on n'est pas vigilant.

C. Vrai. La capacité d'attention volontaire est le fait d'être attentif volontairement ce qui dépend de chaque individu mais aussi de l'objet d'attention et des motivations qu'il suscite. Pour exemple, on est plus aisément attentif à un cours qui suscite notre intérêt et dont on comprend les éléments de contenus, qu'un cours qui ne signifie rien pour nous et dont on n'en voit pas le sens.

D. Faux. C'est la capacité à maintenir une attention sur un laps de temps qui varie selon l'individu (sa capacité d'attention volontaire), l'environnement (stimulations) et le degré de vigilance (attention nocturne plus difficile).

E. Vrai. L'attention divisée ou partagée nous permet de conduire tout en écoutant les informations par exemple. Nous pouvons ainsi partager notre capacité attentionnelle sur plusieurs stimuli à la fois.

F. Faux. Plusieurs informations peuvent être traitées sans pour autant y être spécifiquement attentif mais elles ne peuvent être mémorisées.

• Sujet 2 :

A. Faux. La **communication** selon le modèle de Shannon et Weaver repose sur 6 éléments : la source (où prend naissance le message), l'émetteur (qui encode le message), le canal de transmission (oral, écrit...), le récepteur (qui décode le message), le feed-back (qui assure la compréhension de message), l'environnement (bruit ou stimuli entraînant une déformation du message).

B. Vrai. L'école de Palo Alto fonde le **modèle systémique** (et cybernétique) sur lequel repose toutes leurs recherches. Ainsi, qu'elle soit verbale, non verbale ou qu'elle relève du paralangage, la communication est omniprésente et ce même lorsque les apparences nous laissent à penser le contraire.

C. Vrai. Le **message** émis par l'émetteur est imprégné à la fois du contenu du message source mais aussi des sentiments et de l'intention qu'il y met. Par exemple, dire « Ok, d'accord... » peut signifier soit que l'on est vraiment en accord avec les propos de son interlocuteur, soit au contraire que l'on abdique sur le ton de la lassitude ou de la colère mais que l'on n'est pas pour autant en accord avec lui.

D. Faux. Les problèmes de communication proviennent toujours des **filtres** qui peuvent concerner :

- l'émetteur : l'intentionnalité du message n'est pas respectée et donne un sens différent au message, du fait d'une expression non verbale inappropriée par exemple ;
- le récepteur : son vécu, son cadre de référence déforme la compréhension du message ;
- le canal : bruit, stimuli inopportun, canal non adapté.

E. Faux. La communication nécessite des paramètres verbaux et non verbaux :
Paramètres verbaux : les mots (le choix et le sens) ; para-verbal (l'intonation, le débit, le volume, les pauses, l'articulation).
Paramètres non verbaux : la distance interpersonnelle ; la gestuologie (postures, mimiques faciales, gestes d'appui, gestes barrières).

F. Faux. Pour qu'une communication soit efficiente, cela suppose de la part des protagonistes : une volonté de s'entendre, de la disponibilité, le respect et la prise en compte de l'autre, avoir un code commun et un environnement propice, choisir un canal adapté et surtout vérifier la compréhension du message par un feed-back.

➤Thème 4 – Développement de la personne et de la personnalité

• Sujet 1 :

A. Vrai. Mary Main (1995) a montré une corrélation entre l'attachement vécu dans l'enfance et la capacité à l'âge adulte de s'investir dans une relation. Ainsi, le lien d'attachement devient un modèle à l'âge adulte afin que ce dernier puisse se faire confiance et avoir confiance en autrui pour construire une relation sereine. L'**attachement sécure** favoriserait également la constitution du processus de résilience.

B. Faux. L'**attachement insécure ou anxieux** se décline en deux sous-types :

- attachement insécurisant-évitant ;
- attachement insécurisant-résistant : insécurisant-ambivalent, insécurisant-désorganisé.

C. Vrai. Lors d'un **attachement insécurisant-évitant**, l'enfant est peu joueur et peu souriant. Il ne se réjouit pas des retrouvailles et ignore son *caregiver* ou *caretaker*.

D. Vrai. Selon le concept d'attachement développé par Bowlby (1969), l'**attachement sécure** autorise l'enfant à l'exploration, à la découverte de son environnement extérieur mais aussi à la maîtrise de soi. Il se sent aimable et pourra aimer à son tour. Ce sentiment de sécurité lui permet d'avoir confiance au monde extérieur et en lui-même. Il acquiert ainsi des compétences d'adaptation au monde. Il développe le positivisme, le contrôle de soi et par là même des comportements sociaux adaptés en développant son intelligence émotionnelle

E. Faux. C'est le ***caretaker*** (figure maternante, gardien) ou ***caregiver*** (celui qui prend soins) qui va, par son comportement avec l'enfant, instaurer un lien d'attachement qu'il soit sécure ou insécure. Mais ce lien d'attachement est avant tout une rencontre, un pas vers l'autre que le *caretaker* induit certes, mais qui est aussi stimulé, insufflé par l'enfant lui-même.

F. Faux. L'**attachement sécure** permet d'offrir à l'enfant un environnement suffisamment sécurisé tout en plébiscitant son autonomie, lui montrant ainsi qu'il peut avoir confiance en lui, en ses capacités et aux autres, au monde qui l'entoure. Dans ces conditions l'exploration du monde devient une évidence.

• Sujet 2 :

A. Faux. L'**inné** concerne toutes les caractéristiques provenant dès la naissance : congénitalité.

B. Vrai. La **construction identitaire** ne s'effectue qu'au travers du regard des autres, de son appartenance à un groupe, aux interactions avec le monde extérieur (comprendre « le monde extérieur à soi »).

C. Faux. Les **traits de personnalité** évoluent de l'enfance à l'âge adulte, l'âge de la réflexion sur soi et sur le monde. Mais cette évolution continue à l'âge adulte vers une maturité psychique parfois jamais atteinte. L'apprentissage de soi s'effectue tout au long de sa vie et va influencer nos traits de personnalité certes plus stabilisés à l'âge adulte mais toujours évolutifs.

D. Vrai. En effet, dire que nous avons une **identité** est une ineptie car nous en possédons plusieurs : personnelle, familiale, professionnelle, nationale et d'autres encore selon nos appartenances.
E. Vrai. Les **traits de la personnalité** vont interagir avec les émotions, les représentations du monde (issus de l'éducation, la culture, le groupe social d'appartenance...), le raisonnement (cognition), les expériences, les processus mentaux (en référence à C-G. Jung) ... pour engendrer des comportements en réponse à une situation donnée.
F. Faux. Nos **comportements** sont heureusement non transmis par hérédité, ils évoluent en fonction de notre processus de maturité psychique.

➤ Thème 5 – Psychologie sociale

• Sujet 1 :

A. Vrai. Le concept de **relation** est l'existence de liens qui permet à l'homme d'être partie prenante du tissu social qu'il crée.
B. Faux. Il existe plusieurs théories.
Les théories béhavioristes : principe du stimulus-réponse, c'est-à-dire un comportement donné pour un stimulus précis dans un contexte prédéfinit. Par exemple, en France, je tends la main pour dire bonjour, l'interlocuteur tend sa main en réponse à mon stimulus et ce de façon réflexe.
Les théories cognitivistes : permettent d'analyser les processus mentaux lors d'interactions sociales. Trois approches :
- la théorie des champs de Lewin ;
- l'approche phénoménologique ;
- les mécanismes de traitement de l'information.

Les théories de l'interaction symbolique : montrent l'influence des normes, valeurs, traditions culturelles sur nos comportements.
C. Faux. Les **stratégies de l'échange** correspondent à l'ambivalence des désirs : celui de coopérer et celui d'exploiter. Elles sont au nombre de trois :
- la stratégie de coopération ;
- la stratégie de résistance ;
- la stratégie de renforcement.

D. Vrai. La **théorie de l'équité** montre qu'il y a toujours une recherche d'équilibre, d'équité dans les interactions. Lorsque cet équilibre est rompu, les protagonistes de cette relation vont chercher une solution de rechange pour gagner en équilibre.

E. Vrai. Altman et Taylor (1973) ont montré que toute relation est dissymétrique et cela même si on constate que les partenaires vont, au fur et à mesure que leur relation s'approfondit, livrer un peu de « soi » à l'autre.

F. Faux. La **coopération** est une stratégie appartenant aux théories de l'échange.

• Sujet 2 :

A. Vrai. Le **groupe** est un ensemble de personnes et en même temps une entité à lui seul. 7 caractéristiques sont définies par De Visscher (il est ainsi complémentaire à Capul) :

- unité de temps et de lieu ;
- volonté ou raison d'être et de rester ensemble ;
- but commun ;
- possibilité d'une perception et d'une représentation de chacun des membres du groupe par les autres membres ;
- perception d'une certaine groupalité ;
- possibilité d'interaction directe verbale ou non verbale ;
- durée de vie minimale permettant à l'ensemble de développer des normes et règles communes.

B. Faux. Lewin (1947), dans son approche systémique, définit le **groupe** comme un ensemble de personnes interdépendantes dont le comportement, qu'il soit individuel ou collectif, est déterminé par son contexte c'est-à-dire son environnement psychologique et social.

C. Faux. Le **chef** a un pouvoir institutionnel mais le ***leader*** détient un pouvoir relationnel qui est souvent dominant par rapport au pouvoir du chef.

D. Vrai. Selon Lipitt et White (1972), il existe différents styles de ***leadership*** : autocratique – démocratique – laisser faire. Chacun ayant un impact sur les performances du groupe.

E. Faux. Les décisions sont prises exclusivement par le chef qui ne participe pas à la vie du groupe, il en reste à l'écart.

F. Vrai. Pour Hollander, le ***leadership*** existe selon 3 facteurs d'influences :

- la situation : la structure sociale, les règles établies, le type de tâche... ;
- le *leader* : compétences, motivations, légitimité, traits de personnalité... ;
- les membres du groupe : leurs attentes, leurs motivations et compétences, leurs traits de personnalité...

➤Thème 6 – Psychologie et santé

A. Vrai. La **psychologie de la santé** est une discipline qui étudie les facteurs psychologiques, sociaux et émotionnels, tout en prenant en compte les facteurs biologiques et environnementaux pour en comprendre les comportements et les impacts sur la santé et la maladie.

B. Vrai. Le **stress** est « *une transaction particulière entre la personne et l'environnement dans laquelle la situation est évaluée par l'individu comme débordant ses ressources et pouvant mettre en danger son bien-être.* » (Lazarus Folkman, 1984).

C. Faux. Le stress est un processus complexe qui s'inscrit dans le **paradigme systémique**. Il résulte de l'interaction entre un individu et une situation dans un contexte donné. L'importance étant la relation entre les événements plus que les événements eux-mêmes.

D. Vrai. De Rosnay (1977) affirme que « *Les liaisons entre les éléments comptent autant que les éléments eux-mêmes* », ainsi la **systémique** s'intéresse aux relations qui émergent des interactions entre éléments.

E. Faux. L'**approche systémique** est une approche globale des phénomènes complexes où l'on s'intéresse aux interactions, aux relations entre les éléments.

F. Faux. N. Wiener rompt avec le principe de causalité linéaire, introduisant l'idée de **rétroaction** mettant en exergue l'existence de « **boucle causale** ».

Corrigé exo 06.02 Examen blanc IFSI

➤Thème 1 - Psychologie cognitive : les troubles « dys » de l'enfant

QROC 1. La **dyslexie** (on devrait dire « les dyslexies ») est une trouble spécifique de la lecture chez des enfants normalement intelligents. La **dyspraxie** est un trouble du geste qui retentit sur l'habileté et la réalisation de certaines activités. La **dysphasie** est une anomalie du développement du langage.

QROC 2. Il en existe plusieurs formes :

- dyslexie phonologique : atteinte de la voie phonologique ;
- dyslexie lexicale : atteinte de la voie lexicale ;
- dyslexie mixte : atteinte des 2 voies de lecture.

Examen blanc – Aix-Marseille

QROC 3. Il existe 3 formes de **dysphasie** :
- une atteinte prédominante de l'expression : la dysphasie d'expression. C'est l'évocation du mot et la syntaxe qui sont touchées ;
- une atteinte de la compréhension : la dysphasie réceptive. L'enfant entend bien mais ne comprend pas le sens de ce qu'il entend, les mots n'ont pas de sens, ou pas totalement ;
- une atteinte mixte : l'expression et la réception sont touchées, on parle de dysphasie grave et invalidante.

QROC 4. Elle induit le plus souvent une **dysorthographie**.

QROC 5. Elle entraîne une **dysgraphie**.

➤ Thème 2 – Psychologie analytique

QROC 1. Le **rêve** est la voie royale qui mène à l'inconscient. La **censure** baisse sa garde et laisse exprimer, au travers des rêves, les pulsions, les désirs, les peurs de l'inconscient.

QROC 2. Le **lapsus** est une expression surgissant du conscient mais traduisant des éléments déguisés par le Moi pour passer la censure et être acceptable à la conscience. Il traduit ainsi les pensées enfouies de l'inconscient.

QROC 3. Les **mécanismes de défense** sont issus du Moi et permettent de réduire ou éviter l'inconstance psychique en échappant au conflit de façon temporaire.

QROC 4. La **pulsion de vie**, pulsion tournée vers la vie, se distingue par :
- les pulsions d'autoconservation : régies par le principe de réalité et sont l'ensemble des besoins nécessaires à la conservation de la vie = l'instinct ;
- les pulsions sexuelles : dominées par le principe du plaisir qu'elles recherchent à tout prix afin d'assouvir les désirs.

La **pulsion de mort** est la tendance fondamentale qui pousse l'Homme à aller vers un état antérieur dit « anorganique », donc un état de mort, le but étant de diminuer l'état de tension psychique généré par le besoin ou le désir insatisfait. Elle agit de manière répétitive en deux temps :
- tourner vers le soi : tendance à l'autodestruction ;
- tourner vers l'extérieur : pulsion d'agression ou de destruction.

8 Les droits de l'homme

Corrigé QCM 08.01

1 **A ; B : Vrai** – C : Faux – **D : Vrai** – E : Faux

L'attitude de bienveillance correspond à la notion d'**humanité** et la reconnaissance de l'autre dans sa différence renvoie à la notion d'**altérité**.

2 A ; B : Faux – **C : Vrai** – D ; E : Faux

3 **A : Vrai** – B : Faux – **C ; D : Vrai** – E : Faux

4 **A ; B ; C : Vrai** – D ; E : Faux

Le fait qu'ils soient **interdépendants** correspond à une autre caractéristique : l'indivisibilité. Leur étendue à tous les êtres humains correspond à leur caractère universel.

5 A : Faux – **B : Vrai** – C : Faux – **D : Vrai** – E : Faux

Les **droits de l'homme de première génération** ont été reconnus lors de la Révolution française.

6 A : Faux – **B ; C ; D : Vrai** – E : Faux

Les « **droits-créances** » n'ont pas de lien avec l'argent, ils sont appelés ainsi car l'État est redevable et il se doit d'intervenir pour les garantir. Ils s'opposent aux « **droits-libertés** ». En revanche, il s'agit de droits de deuxième génération.

7 **A : Vrai** – B ; C : Faux – **D ; E : Vrai**

En 1946, c'est le **préambule de la Constitution de la IVe République** qui fut adopté. C'est d'ailleurs ce texte qui consacre le droit à la santé.

8 A : Faux – **B : Vrai** – C ; D ; E : Faux

Les droits de l'homme

9 A : Faux – **B ; C : Vrai** – D ; E : Faux

La Déclaration universelle de l'ONU est à distinguer de la Déclaration des droits de l'homme et du citoyen adoptée par la France en 1789. Le texte est universel car il concerne tous les pays représentés à l'ONU.

10 A ; B : Faux – **C : Vrai** – D ; E : Faux

Corrigé exo 08.02

1. C'est l'ensemble des principes que les nouvelles lois doivent respecter. Ces principes sont protégés par le **Conseil constitutionnel**. Le bloc de constitutionnalité est composé de plusieurs textes fondamentaux :
- la Constitution de 1958 (son préambule et les articles) ;
- le préambule de la Constitution de 1946 ;
- la Déclaration des droits de l'homme et du citoyen de 1789 ;
- la Charte de l'environnement de 2004.

2. La **Charte des droits et libertés de la personne âgée dépendante**.

3. Cette Convention fut signée en 1989 par l'ONU et consacre notamment :
- le droit à la santé de l'enfant ;
- le droit à la vie de l'enfant ;
- les droits des enfants handicapés.

4. L'**éthique** est un ensemble de principes qui précisent comment les êtres humains doivent se comporter. C'est également une démarche qui consiste à étudier les savoirs pour les appliquer à la protection de la personne.

5. Cette Charte fut rédigée par la **Fédération nationale des associations d'usagers en psychiatrie** le 8 décembre 2000.

9 Les droits des patients

Corrigé QCM 09.01

1 A ; B ; C : Faux – **D : Vrai** – E : Faux

La loi « relative aux droits des malades et à la qualité du système de soins » a été adoptée le 4 mars 2002.

2 A ; B : Faux – **C : Vrai** – D ; E : Faux

L'**ONIAM** est l'Office national d'indemnisation des accidents médicaux.

3 A ; B ; C ; D : Faux – **E : Vrai**

Chaque établissement doit posséder un **CLUD** et les patients recevront un contrat d'engagement de lutte contre la douleur.

4 A : Faux – **B ; C : Vrai** – D : Faux – **E : Vrai**

Aucun texte n'exige que le **consentement** soit écrit.

5 A : Faux – **B ; C ; D : Vrai**

Le professionnel de santé doit s'adapter au patient en utilisant un vocabulaire accessible, lui permettant de comprendre.

6 A : Faux – **B ; C ; D ; E : Vrai**

7 A ; B : Faux – **C ; D : Vrai** – E : Faux

Avant la loi de 2002, le patient ne pouvait accéder à son dossier que par l'intermédiaire de son médecin. Aujourd'hui il peut en faire la demande lui-même par écrit afin d'en obtenir une copie. Cet accès se fera dans les 8 jours de la demande. Lorsque les informations datent de plus de 5 ans, le délai pourra aller jusqu'à 2 mois.

8 **A ; B : Vrai** – C : Faux – **D : Vrai**

La **curatelle** est un régime de protection des personnes présentant une incapacité partielle. C'est dans le cadre de la tutelle que les personnes sont représentées de manière continue.

Corrigé exo 09.02

1. La **confidentialité des patients** est garantie grâce au droit au respect de la vie privée, grâce à la confidentialité des informations détenues sur les patients hospitalisés, grâce au respect du secret professionnel ainsi que par la garantie de l'anonymat dans certains cas (accouchement sous X par exemple).

2. C'est une commission de conciliation présente dans chaque établissement de santé, elle veille au respect des droits des patients.

3. Dès son admission en établissement de santé, le patient se verra remettre un **livret d'accueil** qui contient des informations sur :
- l'établissement de santé ;
- les différents services ;
- les principales démarches administratives ;
- l'admission ;
- le déroulement du séjour ;
- la sortie ;
- les obligations et les droits du patient.

4. La **sectorisation** est un découpage de chaque département. Ce découpage impose que les soins psychiatriques soient fournis par l'établissement du secteur dont dépend le patient. La sectorisation se fait en fonction du domicile du patient.

10 L'exercice de la profession infirmière

Corrigé QCM 10.01

1 A : Faux – **B : Vrai** – C ; D ; E : Faux

Un ordre professionnel est un organisme qui regroupe des personnes soumises aux mêmes règles professionnelles. L'**Ordre national des infirmiers** veille aux respects des devoirs liés à la profession.

2 **A ; B : Vrai** – C : Faux – **D ; E : Vrai**

Les décrets de 1993 et de 2002 ont été réunis dans un seul décret : celui du 29 juillet 2002. Le décret de 2016 a créé le Code de déontologie des infirmiers.

3 **A ; B ; C ; D ; E : Vrai**

Un infirmier peut voir sa **responsabilité** engagée sur plusieurs terrains. Selon le type de faute commise, le domaine pénal sera concerné. Lorsqu'une réparation du préjudice est demandée, sa responsabilité pourra être civile ou administrative (en fonction du secteur d'exercice). Ses fautes peuvent également avoir des répercussions au niveau disciplinaire en entrainant des sanctions de son employeur. Enfin, le **Conseil de l'Ordre** peut intervenir lorsque le Code de déontologie n'est pas respecté.

4 A : Faux – **B ; C ; D : Vrai** – E : Faux

Cette obligation déontologique et pénale concerne tous les professionnels susceptibles de connaitre des informations d'ordre personnel. Tous les professionnels de santé sont donc soumis à ce devoir. Les étudiants seront également soumis à cette obligation lors des stages. Le **secret professionnel** ne couvre pas seulement les confidences faites par le patient, mais tout ce qui aura été vu, entendu, ou compris par le professionnel.

5 A : Faux – **B : Vrai** – C : Faux – **D ; E : Vrai**

La **violation du secret professionnel** est une faute pénale, mais également une faute professionnelle. Au niveau pénal, les sanctions sont l'emprisonnement et l'amende. Au niveau disciplinaire, l'infirmier risque une interdiction temporaire ou définitive d'exercer sa profession.

6 A : Faux – **B ; C : Vrai** – D ; E : Faux

L'infirmier bénéficie désormais d'un **droit de prescription**. Il ne concerne que les dispositifs médicaux et la pilule contraceptive et ne peut s'exercer qu'en appui d'une prescription déjà existante.

7 A ; B ; C : Faux – **D : Vrai**

La **discrétion professionnelle** concerne les secteurs public et privé. C'est le **devoir de réserve** qui ne concerne que les fonctionnaires et qui porte sur les propos tenus à l'égard de sa hiérarchie. La discrétion professionnelle ne concerne pas les informations provenant des patients mais provenant de la vie de l'établissement employeur.

Corrigé exo 10.02

1. Dans certains cas, une **transgression du secret professionnel** ne sera pas sanctionnée. On peut citer :
- les déclarations de décès ;
- le cas des maladies à déclarations obligatoires ;
- le cas de maltraitance ;
- le contexte du secret partagé avec l'équipe médicale.

2. Les actes qui relèvent du **rôle propre de l'infirmier** sont ceux qu'il peut exercer en autonomie, c'est-à-dire qu'il n'agira pas en tant qu'auxiliaire du médecin, notamment en application d'une prescription. Parmi les activités relevant du rôle propre de l'infirmier, on peut citer :
- les soins liés aux fonctions d'entretien et de continuité de la vie du patient ;
- certains soins visant à identifier les risques et assurer le confort de la personne ;
- les soins visant à compenser un manque ou une diminution de l'autonomie de la personne.

3. Le **devoir de réserve** ne concerne que les fonctionnaires. Il leur est imposé de modérer l'expression de leurs opinions à l'égard de leur administration ou de leurs collègues.

4. Lorsqu'un infirmier commet une faute qui constitue une violation du Code pénal, sa **responsabilité pénale** sera mise en jeu. Il risquera une peine d'emprisonnement ou le paiement d'une amende.

13 Molécules du vivant

Corrigé QCM 13.01

1 A ; B : Faux – **C : Vrai** – D ; E : Faux

Parce qu'il est un composant majeur du tissu osseux, le **calcium** est l'élément minéral le plus abondant dans le corps humain. L'**ion sodium** (dans le milieu extracellulaire) et l'**ion potassium** (à l'intérieur des cellules) sont des cations monovalents jouant un rôle majeur dans l'équilibre ionique des cellules. L'**ion chlorure** est le principal anion du milieu extracellulaire. L'**ion magnésium** et l'**ion calcium** circulent dans le sang sous forme de cations bivalents. La **kalièmie** est la mesure de la concentration de l'ion potassium dans le sang, celle du calcium est la **calcémie**.

2 **A : Vrai** – B : Faux – **C ; D ; E : Vrai**

L'**eau** est la molécule la plus abondante du corps humain. Elle est formée d'un atome d'oxygène et de deux atomes d'hydrogène unis par deux liaisons covalentes, mais les électrons de valence sont très fortement attirés par l'atome d'oxygène, ce qui confère à l'eau un caractère fortement polaire. De ce fait, elle a un fort pouvoir ionisant et elle est un solvant efficace des molécules polaires. À l'inverse, les **molécules hydrophobes** en milieu aqueux ont tendance à exclure les molécules d'eau de leurs interactions. Les molécules hydrophobes ne se solubilisent pas réellement, et si elles sont présentes à forte dose, forment une **phase** séparée (*ex.* : eau et huile).

3 A ; B : Faux – **C ; D : Vrai** – E : Faux

La formule brute d'un **ose** peut s'écrire $C_n(H_2O)_n$. Un ose possède donc n-1 fonctions alcool et 1 fonction carbonyle (aldéhyde ou cétone). La présence de ces fonctions confère aux oses un caractère hydrophile marqué. En solution aqueuse, les oses adoptent une forme cyclique. La formule brute du **fructose** et du **glucose** est $C_6H_{12}O_6$, mais leurs formules développées diffèrent puisque le carbonyle du glucose est un aldéhyde et celui du fructose une cétone. Ce sont donc des **isomères**. Le **galactose** est un ose à 6 carbones, tandis que le ribose est un ose à 5 carbones. Ils ne peuvent donc pas être des isomères.

4 **A : Vrai** – B : Faux – **C : Vrai** – D : Faux – **E : Vrai**

Le **glycogène**, l'**amidon** et la **cellulose** sont des polymères formés uniquement de **glucose** (donc des polyholosides) mais les liaisons osidiques qui relient les molécules de glucose ne sont pas de même nature. Dans la cellulose, la liaison osidique est dite « bêta », tandis que celles du glycogène et de l'amidon sont dites « alpha ». Chez l'homme, les **amylases**, enzymes présentes dans la salive et le suc pancréatique, sont capables de couper les liaisons alpha mais pas les bêta. Elles dégradent donc l'amidon (du blé, du riz...) mais pas la cellulose. Le **glycogène** est la forme de stockage du glucose chez l'homme. Il est présent dans le foie, mais aussi dans les muscles.

5 **A ; B : Vrai** – C : Faux – **D : Vrai** – E : Faux

Les **peptides** et les **protéines** sont des polymères d'acides aminés (les chaînes polypeptidiques). Dans une chaîne polypeptidique les acides aminés sont reliés entre eux par des liaisons covalentes (appelées liaisons peptidiques) entre le radical carboxylique d'un acide aminé et le radical amine de celui qui le suit. La chaîne polypeptidique présente donc une extrémité amine et une extrémité carboxylique. La rupture de ces liaisons peptidiques est accélérée par des enzymes appelées **peptidases** ou **protéases** (les amylases dégradent les polyosides). Les protéines se replient sur elles-mêmes en fonction de leur séquence (nature et ordre des acides aminés). À chaque séquence correspond une configuration spatiale spécifique.

6 **A : Vrai** – B : Faux – **C : Vrai** – D : Faux – **E : Vrai**

Les 20 **acides aminés** présents dans les protéines sont construits sur le même modèle. Un carbone dit « alpha » porte un carboxyle, une amine, un atome d'hydrogène et un groupement spécifique, appelé « **chaîne latérale** ». La **glycine** porte la plus petite des chaînes latérales, un atome d'hydrogène. Les différentes chaînes latérales peuvent être hydrophiles, porter des charges ioniques comme la lysine ou l'acide glutamique, ou bien être très hydrophobes comme la leucine ou la valine. Pour synthétiser leurs protéines, les cellules ont besoin en permanence des 20 acides aminés. La digestion des aliments protidiques en acides aminés fournit la plupart des acides aminés nécessaires. De plus, les cellules sont capables de synthétiser certains d'entre eux, mais pas tous. Les acides aminés qui proviennent uniquement de l'alimentation, sont dits « essentiels ». Enfin les acides aminés sont des précurseurs métaboliques de certaines hormones ou neurotransmetteurs.

7 A : Faux – **B ; C : Vrai** – D ; E : Faux

Les **acides gras** sont formés d'une chaîne hydrocarbonée de 4 à 26 carbones portant à l'une de ses extrémités un **groupe carboxyle**. L'autre extrémité est dite « **extrémité oméga** ». La chaîne hydrocarbonée peut ne comprendre que des simples liaisons (on dit que l'acide gras est saturé) ou bien un certain nombre de doubles liaisons (éthyléniques). La longueur de l'acide (n) et le nombre de liaisons éthyléniques (m) sont indiqués dans la nomenclature Cn:m. Si $m \neq 0$, il est classique d'ajouter la place de la première double liaison à partir de l'extrémité « oméga ».

8 **A ; B ; C ; D : Vrai** – E : Faux

Tous les **lipides** sont des molécules organiques insolubles dans l'eau, mais tous ne sont pas totalement hydrophobes. Certains sont **amphiphiles** et formés d'une partie hydrophile à côté de leur partie hydrophobe (*ex.* : phospholipides). Les **triglycérides** sont formés de 3 acides gras ayant contracté 3 liaisons esters avec les 3 fonctions alcool d'un glycérol. Les triglycérides sont la forme principale de stockage de l'**énergie** : les acides gras entrant dans leur composition sont distribués à toutes les cellules et sont oxydés au niveau des mitochondries. Cette oxydation progressive, dite « **bêta-oxydation** », conduit à une forte production d'**ATP**.

9 A : Faux – **B ; C : Vrai** – D ; E : Faux

Les 2 acides gras polyinsaturés en C18 (2 doubles liaisons pour l'acide linoléique et 3 doubles liaisons pour l'acide linolénique) ne sont pas synthétisés par l'homme. L'**acide linolénique** (1er membre de la série des Oméga 3) est le précurseur métabolique du **DHA** et de l'**EPA** (acides gras indispensables au bon fonctionnement des neurones). En revanche, l'**acide linoléique** (1er membre de la série Oméga 6) est le précurseur des **prostaglandines** et des **leucotriènes** qui stimulent la réaction inflammatoire. L'**aspirine** inhibe la synthèse de ces composés et est donc un anti-inflammatoire.

Corrigé exo 13.02

1 : b ; 2 : d ; 3 : c ; 4 : a ; 5 : d ; 6 : b ; 7 : b.

CORRIGÉ

14 Biologie cellulaire

UE 2.1

Corrigé QCM 14.01

1. **A : Vrai** – B : Faux – **C ; D ; E : Vrai**

La légende correcte de la figure est : (a) appareil de Golgi ; (b) noyau (enveloppe nucléaire) ; (c) REL ; (d) REG ; (e) ribosomes libres ; (f) centrosome (contient deux centrioles) ; (g) mitochondrie ; (h) membrane plasmique, (i) cytosol (ou cytoplasme). (a), (c), (d) sont en relations étroites avec (h), donc constitués d'une bicouche de phospholipides. (b) et (g) sont entourés d'une double bicouche.

2. **A ; B : Vrai** – C : Faux – **D ; E : Vrai**

L'exocytose permet de sécréter les protéines de la matrice extracellulaire, synthétisées dans le REG (association réticulum+ribosomes), maturées dans le Golgi et libérées à la membrane. Les mitochondries ne font pas partie de ce système d'export, appelé le système endomembranaire. Le noyau contient l'ADN, et l'ensemble des organites sont inclus dans le cytosol.

3. **A ; B : Vrai** – C ; D : Faux – **E : Vrai**

Le noyau est délimité par une double bicouche, membrane interne et membrane externe qui forment l'enveloppe nucléaire. Cette enveloppe est percée de pores nucléaires qui permettent la communication entre nucléoplasme et cytoplasme. Sous l'enveloppe nucléaire (côté membrane interne), on trouve un réseau dense de protéines fibreuses, les lamines, qui forment la lamina nucléaire, responsable de la forme et de la rigidité du noyau. Le noyau renferme l'ADN sous la forme de chromatine, c'est-à-dire une molécule d'ADN double brin étroitement enroulée autour de protéines histones et associée à de nombreuses autres protéines. Le nucléole est une zone particulière de la chromatine, où sont regroupées les régions d'ADN codant les ARN ribosomiques.

4. A ; B : Faux – **C : Vrai** – D ; E : Faux

La membrane plasmique est une bicouche de phospholipides dont la propriété principale est qu'ils sont amphiphiles, c'est-à-dire à la fois hydrophiles (par leur tête glycérophosphate) et hydrophobes (par leurs deux acides gras). En s'organisant en deux couches tête-bêche, ils constituent une barrière semi-perméable. La perméabilité membranaire est contrôlée par les protéines transmembranaires, dont certaines sont des canaux laissant passer des ions lorsqu'ils sont ouverts. Lipides et protéines peuvent porter des sucres, mais seulement du côté extracellulaire. Les ions, par définition chargés, ne peuvent pas traverser simplement.

5 **A : Vrai** – B ; C ; D ; E : Faux

La membrane représente une barrière hydrophobe. Les gaz et les petites molécules apolaires (hydrophobes) peuvent la traverser librement. En revanche, toute molécule polaire ou chargée (un ion) nécessite l'aide d'un transporteur, qui peut être un canal, une pompe ou un transporteur spécifique. Les transports membranaires sont tous spécifiques, et un canal sodium ne peut en aucun cas laisser passer le potassium. Endocyter est l'action de faire bourgeonner une vésicule de la membrane vers l'intérieur, exocyter est l'action de fusionner une vésicule membranaire avec la membrane vers l'extérieur. Ces deux transports, qui impliquent un mouvement de la membrane, consomment énormément d'énergie.

6 **A : Vrai** – B : Faux – **C ; D : Vrai** – E : Faux

La mitochondrie est constituée de deux membranes que sépare l'espace intermembranaire. Dans les crêtes mitochondriales, replis de la membrane interne dans la matrice, on trouve les protéines de la chaîne respiratoire et l'ATP synthase. Celle-ci utilise les protons concentrés dans l'espace intermembranaire comme force pour synthétiser de l'ATP sur le versant interne (dans la matrice). Le cycle de Krebs est une série de réactions d'oxydoréduction qui récupère l'énergie de rupture de l'acétyl-coenzyme A en CO_2 et H_2O pour accumuler des protons dans l'espace intermembranaire.

7 **A : Vrai** – B ; C ; D : Faux – **E : Vrai**

Les jonctions communicantes (constituées de deux connexons) peuvent laisser passer librement les petites molécules, couplant ainsi métaboliquement deux cellules. On les trouve principalement dans les épithéliums de revêtement, dans les cellules gliales et dans les cardiomyocytes. Les hormones, qui assurent la communication endocrine, peuvent être hydrosolubles (comme l'insuline) ou hydrophobes (comme les hormones stéroïdes). Les neurotransmetteurs assurent la communication neurocrine, dans les contacts synaptiques. La rhodopsine est le photorécepteur rétinien activé par les photons et responsable de la vision.

Corrigé exo 14.02

1. 1 : *e*. Le noyau contient l'ADN qui est le support de l'information génétique.

2 : *c*. C'est dans la mitochondrie que le pyruvate (produit de la glycolyse) est oxydé en CO_2, permettant la formation d'ATP.

3 : *h*. Le cytosquelette permet à la fois de donner une forme à la cellule, d'assurer ses mouvements et de positionner les différents organites.

4 : *a*. La membrane plasmique est responsable des gradients ioniques entre le cytosol et le milieu extracellulaire.

5 : *d*. Les ribosomes assurent l'assemblage des acides aminés selon l'ordre spécifié par les ARNm.

6 : *g*. C'est par endocytose que la cellule internalise du matériel, comme des fragments d'antigène par exemple.

7 : *b*. Le réticulum lisse est un ensemble de citernes qui contient du Ca^{++} et est le siège de la synthèse des lipides.

8 : *f*. Les lysosomes contiennent des enzymes lytiques capables de dégrader protéines, glucides et lipides.

2. 1 : *e* ; 2 : *c* ; 3 : *a* ; 4 : *d* ; 5 : *b*.

3. 1 : *d* ; 2 : *c* ; 3 : *a* ; 4 : *e* ; 5 : *b*.

15 Histologie

Corrigé QCM 15.01

1 A : Faux – **B ; C : Vrai** – D : Faux – **E : Vrai**

Type A : cellule cubique. Type B : cellule cylindrique ou prismatique. Type C : cellule pavimenteuse. Type D : épithélium simple ou monostratifié. Type E : épithélium stratifié. Un **épithélium pseudostratifié** est un épithélium paraissant stratifié, mais dans lequel toutes les cellules sont au contact de la basale.

2 A ; B ; C ; D : Faux – **E : Vrai**

Le pôle du haut est le **pôle apical**, il est à l'**apex** des cellules, c'est-à-dire leur sommet. Le bas est le **pôle basal**, il repose sur la lame basale et isole l'épithélium du conjonctif sous-jacent. Par définition, l'**épithélium** est non vascularisé. Toutes les extensions cytoplasmiques (villosités, cil, stéréocils...) sont au pôle apical. Les complexes de jonctions sont ordonnés du pôle basal au pôle apical : jonction communicantes, desmosomes, jonctions serrées.

3 A : Faux – **B : Vrai** – C : Faux – **D : Vrai** – E : Faux

a : corps cellulaire ou soma, *b* : fibre axonale ou axone, *c* : arborisation dendritique ou dendrite, *d* : noyau, *e* : terminaison ou bouton synaptique (parfois, on emploie « synapse » à tort, la synapse étant le vide entre ce bouton synaptique et la cellule post-synaptique), *f* : gaine de myéline, *g* : nœud de Ranvier.

4 A : Faux – **B : Vrai** – C ; D : Faux – **E : Vrai**

Le **potentiel d'action** se propage de façon unidirectionnelle dans l'axone, du soma vers les synapses, ici de manière saltatoire puisque l'axone est myélinisé. Les **dendrites** reçoivent des signaux d'autres neurones, seuls les **boutons synaptiques** peuvent éventuellement être en contact avec une plaque motrice dans le muscle.

5 **A : Vrai** – B ; C ; D : Faux – **E : Vrai**

L'**épiderme** est un épithélium de revêtement pluristratifié kératinisé. Comme tous les épithéliums, il n'est pas vascularisé. Il repose sur une **lame basale** (structure X). Le tissu conjonctif sous-jacent est le **derme**. La couche D est la **couche basale**, constituée de cellules souches cubiques à renouvellement constant.

6 A ; B : Faux – **C ; D ; E : Vrai**

La couche A est la **couche cornée**, contenant des cellules mortes, anucléées et pleines de kératine, qui desquament. La couche B est la **couche granuleuse**, fabriquant de la kératine et ne se divisant plus. La couche C est la **couche épineuse**, contenant des cellules en division. La couche D est la **couche basale**, composée de cellules souches assurant le renouvellement constant de l'épiderme. Les **cellules de Langerhans** sont des cellules cutanées capables de se déplacer et de protéger l'épiderme contre des antigènes.

Corrigé exo 15.02

1 : *d* ; 2 : *a* ; 3 : *b* ; 4 : *c*.

18 Le génome et les maladies héréditaires

Corrigé QCM 18.01

1 A : Faux – **B : Vrai** – C : Faux – **D ; E : Vrai**

Le **cycle cellulaire** est un enchaînement chronologique des phases G1, S, G2, M. Les phases G1 et G2 sont inertes du point de vue génétique. Pendant la phase S, les chromatides des chromosomes sont répliquées, la quantité d'ADN double dans la cellule. Pendant la phase M, la cellule se divise en deux cellules-filles. Chaque chromosome se sépare en deux chromatides de façon que chaque cellule-fille hérite d'un lot complet de chromosomes.

2 **A : Vrai** – B : Faux – **C : Vrai** – D : Faux

Un **brin d'ADN** est une succession de **nucléotides** orientés et liés par des **liaisons covalentes**. Deux brins sont associés en orientation antiparallèle pour former une molécule d'ADN. La **complémentarité des bases** est le principe qui régit l'association des deux brins. En face de chaque nucléotide T ne peut interagir qu'un nucléotide A (et *vice versa*). En face de chaque nucléotide C ne peut interagir qu'un nucléotide G (et *vice versa*). L'association se fait uniquement par des liaisons hydrogène. Les brins ne peuvent s'associer que si les séquences sont complémentaires deux à deux.

3 **A : Vrai** – B ; C ; D : Faux – **E : Vrai**

Le **génome** est l'ensemble de l'information génétique d'une cellule. Chez l'homme, il comporte l'ADN du noyau et celui des mitochondries. L'**ADN nucléaire** est constitué d'environ 3,2 milliards de paires de nucléotides répartis en 23 paires de chromosomes, comportant environ 22 000 gènes, codant pour environ 100 000 protéines (plus de 4 fois plus). Seule une très petite fraction du génome est codante : moins de 2 %. Le rôle des séquences non codantes est, entre autres, de réguler finement l'expression des gènes.

4 A : Faux – **B : Vrai** – C : Faux – **D : Vrai** – E : Faux

Le **code génétique** est la table de correspondance entre les **codons** (triplets de nucléotides de l'ADN ou de l'ARNm) et les **acides aminés** des protéines.

Les propriétés fondamentales du code génétique sont :

- la dégénérescence ou redondance : un même acide aminé peut être codé par plusieurs codons différents (par exemple, GGG ou GGC donnent Glycine) ;
- l'universalité : le rosier, votre directeur d'école ou une bactérie utilisent le même code ;
- la non ambiguïté : à un codon donné ne peut correspondre qu'un seul acide aminé (GGG ne peut coder que la Glycine).

5 A ; B ; C : Faux – **D : Vrai** – E : Faux

La **transcription** démarre sur un seul des deux brins d'ADN, le **brin matrice** ou **brin transcrit**. Par contre, un gène peut très bien être transcrit sur un brin et le gène suivant sur le brin complémentaire. Le **pré-ARNm** formé subit ensuite deux étapes de maturation dans le noyau, la protection des extrémités (coiffe et queue de polyA) et l'épissage des introns (élimination des introns et raboutage des exons). L'**ARNm** mature est exporté dans le cytoplasme où il est pris en charge par un ribosome. À ce niveau, l'AUG correspondant à la phase ouverte de lecture initie la traduction. Celle-ci continue jusqu'à ce que se présente un **codon STOP**.

6 **A : Vrai** – B ; C ; D : Faux – **E : Vrai**

La **méiose** est une succession de deux divisions cellulaires affectant uniquement les cellules germinales dans les gonades et visant à produire les gamètes et à brasser l'information génétique. La première division de méiose est réductionnelle : les chromosomes homologues se séparent. La deuxième division ressemble à une **mitose** : les chromatides des chromosomes se séparent. Mais les cellules sont haploïdes : elles ne contiennent qu'un exemplaire de chaque chromosome.

7 **A ; B : Vrai** – C : Faux – **D ; E : Vrai**

Brassages inter- et intrachromosomique assurent la répartition des allèles dans les gamètes issus de la méiose. Pendant la première division (réductionnelle), les chromosomes homologues se répartissent aléatoirement et indépendamment entre les deux cellules-filles au cours de l'anaphase, c'est le **brassage interchromosomique**. Un peu avant, en fin de prophase I, les chromosomes homologues intimement appariés avaient échangé des fragments, c'est la **recombinaison méiotique** ou **brassage intrachromosomique**.

8 **A : Vrai** – B ; C ; D ; E : Faux

Dans le cadre de lecture, les trois types de **mutations ponctuelles** possibles sont la substitution, l'insertion et la délétion. La **substitution** remplace un nucléotide par un autre. Les conséquences sur la traduction peuvent être diverses, mais le cadre de lecture est conservé. Les **délétions** et **insertions**, qui respectivement retranchent ou ajoutent un nucléotide, ont toujours pour conséquence le décalage du cadre de lecture.

9 **A : Vrai** – B : Faux – **C : Vrai** – D : Faux – **E : Vrai**

Les **substitutions** dans le cadre de lecture ont trois conséquences possibles. Si le codon est remplacé par un autre codon portant le même message, l'acide aminé n'est pas modifié, on parle de **mutation iso-sémantique ou synonyme**. Si le changement de codon entraine un changement d'acide aminé, on parle de **mutation faux-sens**. Si le changement de codon entraine la création d'un codon STOP, on parle de **mutation non-sens**. Dans ce cas, la protéine est soit tronquée, soit totalement absente. La pathogénicité doit être étudiée plus en détails et ne peux être déduite *a priori* de la mutation en elle-même. Cependant, il est évident qu'une mutation non-sens a *a priori* plus de risque d'être pathogène qu'une synonyme.

10 A : Faux – **B : Vrai** – C ; D ; E : Faux

Dans les **maladies autosomiques dominantes**, la transmission est indépendante du sexe de l'individu. De plus, l'allèle muté est plutôt fort. Donc, tout individu qui possède un allèle muté (hétérozygote) est malade. Tout individu sain est obligatoirement homozygote non muté (ne possède pas d'allèle muté). En général, les individus homozygotes pour l'allèle muté sont très sévèrement atteints, ou décédés. Aux trois **génotypes** possibles (homozygote sain, hétérozygote, homozygote muté) correspondent donc trois **phénotypes** (sain, malade, très malade).

Le génome et les maladies héréditaires

11 A ; B ; C : Faux – **D ; E : Vrai**

Dans l'**hérédité récessive**, l'allèle muté est plutôt faible. Donc, pour qu'un individu développe la maladie, il faut qu'il porte deux allèles mutés (génotype homozygote). Les individus ne possédant qu'un allèle muté (hétérozygotes) ne présentent pas la maladie (phénotype sain), ils sont appelés « **porteurs sains** ». De fait, deux parents sains peuvent donc avoir un enfant atteint. Aux trois **génotypes** possibles (homozygote sain, hétérozygote, homozygote muté) correspondent donc seulement deux **phénotypes** (sain, malade). Il y a une ambiguïté sur le génotype des individus sains qui peuvent être soit hétérozygotes, soit homozygotes non mutés.

12 A : Faux – **B ; C : Vrai** – D : Faux – **E : Vrai**

Les **calculs de risque de transmission** sont un tout petit peu plus complexes que dans l'hérédité dominante en raison de l'incertitude sur le génotype des individus sains. Un individu hétérozygote pour l'allèle muté transmet soit l'allèle muté, soit l'allèle sain, le risque « brut » de transmission de cet allèle est donc bien de 50 %. En revanche, l'enfant ne sera atteint qu'en fonction de l'autre allèle reçu de son 2e parent.

Allèles transmis	s	m
s	s//s [sain]	s//m [sain]
m	m//s [sain]	m//m [malade]

Dans ce cas, deux porteurs sains, possédant chacun un allèle sain (s) et un allèle muté (m) ont un risque de 50 % (1/2) d'avoir un enfant porteur, mais un risque de 1/4 d'avoir un enfant malade ayant hérité l'allèle muté de chacun de ses parents.

13 A : Faux – **B ; C : Vrai** – D : Faux – **E : Vrai**

Dans le cas de l'hérédité liée au chromosome X, l'homme est **hémizygote**. Si son X est muté, il sera malade et pourra transmettre uniquement à ses filles. Les filles seront malades uniquement si l'allèle muté est dominant. Les garçons héritent le Y de leur père. Ils pourront être malades si leur mère était porteuse saine (un X muté et un X sain) et qu'elle leur a transmis son X muté.

19 Anatomie générale et plans d'organisation de l'organisme

Corrigé QCM 19.01

1 A : Faux Les atomes ont des concentrations différentes dans la matière organique humaine.

B : Faux Les désignations des catégories de molécules se font en fonction de leur quantité dans le corps et non selon leur fonctionnement.

C : Vrai

D : Faux La liaison hydrogène est moins puissante que la liaison covalente.

E : Vrai

2 A : Faux Le nombre de cellules humaines croît jusqu'à une quantité approximative de 1016 cellules mais le nombre va rester stable avant de décroître lors de la sénescence.

B : Vrai Il y a de nombreuses bactéries dans le corps humain nécessaires et vitales.

C ; D : Vrai

E : Faux Les cellules humaines sont eucaryotes et non procaryotes.

3 A : Faux Il manque le tissu nerveux.

B : Faux Le tissu épithélial peut être glandulaire ou produire du mucus ou encore servir de séreuse qui permet le mouvement des organes.

C : Faux La graisse ou tissu adipeux est un tissu conjonctif.

D : Faux Le tissu nerveux est un autre tissu excitable.

E : Vrai

4 A : Faux On dénombre seulement 15 appareils ou systèmes chez l'homme.

B : Vrai

C : Faux Les appareils reproducteurs sont localisés en partie ventrale donc antérieure et caudale.

D ; E : Vrai

19 Anatomie générale et plans d'organisation de l'organisme

SUITE

5 A : Faux La position est toujours debout.

B : Faux Les mains doivent être en supination vers l'avant, pouces à l'extérieure.

C : Vrai

D : Faux Les organes génitaux sont exposés au repos dans la position de référence.

E : Faux Les talons doivent être posés au sol.

6 **A ; B ; C ; D ; E : Vrai**

0. Les cavités du corps humains sont au nombre de 5. Elles sont plus ou moins en connexions les unes avec les autres : la cavité crânienne est en connexion avec la cavité rachidienne ; la cavité thoracique est seule. Les cavités abdominale et pelvienne sont en liaison.

1. Les 11 systèmes ou appareils sont : appareil squelettique ; appareil circulatoire ; appareil respiratoire ; appareil urinaire ; appareil digestif ; appareil reproducteur ; système musculaire ; système immunitaire ; système nerveux ; système endocrinien ; système tégumentaire.

20 Fonctions de communication

Corrigé QCM 20.01

1 A : Faux – **B ; C ; D : Vrai** – E : Faux

Dans l'encéphale, aussi bien que dans la mœlle, on distingue une **substance grise** formée par les corps cellulaires des neurones et une **substance blanche** formée par leurs axones, le plus souvent entourés de myéline. La substance grise occupe la partie externe de l'encéphale, mais dans la moelle se groupe autour du canal central. Chacun des deux **hémisphères cérébraux** s'organise autour des deux premiers ventricules, qui sont donc latéraux. Les troisième et quatrième ventricules sont médians et uniques. Les deux hémisphères communiquent entre eux par le **corps calleux**, un gros faisceau d'axones myélinisés (substance blanche). Le **cervelet** représente bien la partie postérieure du tronc cérébral.

2 A ; B ; C : Faux – **D ; E : Vrai**

L'encéphale et la moelle sont entourés de **méninges** qui comportent trois membranes. La **dure-mère** est au contact des os crâniens et des vertèbres. Juste en dessous se trouve la **membrane arachnoïdienne**. La **pie-mère** épouse les circonvolutions cérébrales et médullaires. Entre elle et la membrane arachnoïdienne, on trouve le **liquide céphalo-rachidien**. Ce liquide est principalement sécrété par des cellules gliales spécialisés, les **cellules épendymaires**, qui tapissent la paroi des ventricules ou sont groupées en amas dans les plexus choroïdes des ventricules latéraux.

3 A : Faux – **B : Vrai** – C ; D : Faux – **E : Vrai**

Dans le tissu nerveux central, deux types de cellules cohabitent : les **neurones** qui sont les seules cellules excitables et les **cellules gliales**, environ 10 fois plus abondantes. Parmi celles-ci, les plus nombreuses sont les **astrocytes** qui entourent les corps cellulaires et les axones des neurones. Ce sont des cellules nourricières. Les astrocytes sont par leurs pseudopodes en contact étroit avec les **cellules endothéliales** des capillaires. Elles y puisent nutriments et dioxygène pour les transférer aux neurones. Les **oligoden-**

drocytes sont des cellules gliales caractérisées par des prolongements membranaires contenant la myéline, substance formée par des sphingo-phospholipides. Ces prolongements s'enroulent comme une gaine autour des axones. D'autres cellules gliales, les cellules **microgliales** jouent un rôle de protection immunitaire.

4 A ; B : Faux – **C : Vrai** – D : Faux – **E : Vrai**

Dans une **interaction neuro-neuronale**, plusieurs axones provenant de plusieurs types de neurones forment chacun un **bouton pré-synaptique** sur les dendrites d'un neurone récepteur. Chacun des axones va générer dans sa fente synaptique propre la sécrétion d'un **neurotransmetteur** spécifique qui induit l'initiation d'un **potentiel post-synaptique (PPS)** dans le neurone post-synaptique. Certains PPS induisent une dépolarisation partielle de la membrane du neurone post-synaptique et favorisent donc le déclenchement par le neurone récepteur d'un **potentiel d'action (PA)** : ils sont excitateurs (PPSE). D'autres au contraire entraînent une hyperpolarisation et inhibent le déclenchement d'un PA (PPSI). Le neurone récepteur intègre **PPSE** et **PPSI** et déclenche ou non un potentiel d'action. C'est la nature du neurotransmetteur qui le plus souvent détermine si une synapse entraînera un PPSE ou un PPSI. Ainsi l'acétylcholine ou le glutamate génèrent le plus souvent des PPSE tandis que le GABA génère des PPSI.

5 **A ; B : Vrai** – C ; D : Faux – **E : Vrai**

Pendant la phase A, l'équilibre des ions de part et d'autre de la membrane maintient un **potentiel de repos (PR)**. Une entrée d'ions sodium due à une ouverture des canaux sodium entraîne une **rupture du potentiel de membrane**. Ce phénomène se fait en deux phases, une première (B) pour atteindre une **valeur seuil** et puis une seconde (C), massive, qui entraîne une forte **dépolarisation**. Durant la phase D, les canaux sodium se ferment tandis que les canaux potassium s'ouvrent vers l'extérieur. La fuite de potassium de l'intérieur vers l'extérieur rétablit le **potentiel de membrane**, mais au détriment du taux de potassium intracellulaire. C'est pendant la phase E que la **pompe sodium-potassium** va rétablir les taux préexistants en faisant sortir 3 sodium et en rapatriant 2 potassium en échange de l'hydrolyse d'une molécule d'ATP. Pendant cette phase, l'axone est totalement réfractaire au déclenchement d'un nouveau PA.

6 A ; B : Faux – **C : Vrai** – D ; E : Faux

L'**insuline** est la seule hormone hypoglycémiante, c'est le problème du diabète.

7 A : Faux – **B : Vrai** – C ; D ; E : Faux

Le **glucagon** est une des hormones hyperglycémiante, avec les corticoïdes et l'adrénaline par exemple.

8 **A : Vrai** – B ; C ; D ; E : Faux

La PTH est l'hormone hypercalcémiante.

9 A ; B ; C : Faux – **D : Vrai** – E : Faux

La **thyrocalcitonine** est une hormone thyroïdienne hypocalcémiante.

10 A : Faux – **B ; C ; D : Vrai** – E : Faux

L'**ocytocine** et l'**ADH** sont des hormones de la posthypophyse ou neurohypophyse. **GH**, **TSH** et **FSH** sont des hormones de l'adénohypophyse ou antéhypophyse.

11 **A : Vrai** – B : Faux – **C : Vrai** – D ; E : Faux

La **zone fasciculée** sécrète le cortisol et la cortisone selon un cycle circadien. La **zone réticulée** sécrète des androgènes qui en excès peuvent être cause d'hirsutisme.

12 **A : Vrai** – B : Faux – **C : Vrai** – D : Faux – **E : Vrai**

La **propriété anti-inflammatoire** du cortisol est très utilisée en thérapeutique dans les inflammations aiguës et les inflammations chroniques, ainsi que les allergies. Le cortisol est une hormone stéroïde, donc **lipidique** et **hydrophobe**. L'**hyperglycémie** est une complication des traitements corticoïdes au long court : c'est le diabète stéroïdien.

13 **A : Vrai** – B : Faux – **C ; D ; E : Vrai**

L'**adrénaline** et la **noradrénaline** sont aussi des neurotransmetteurs du système nerveux sympathique. La **dopamine** est un neurotransmetteur du

SNC. Les hormones sécrétées par la médullosurrénale sont les hormones du stress et de l'instinct de fuite en provoquant une accélération du rythme cardiaque et une élévation de la TA.

14 **A : Vrai** – B ; C : Faux – **D : Vrai** – E : Faux

Hormone de croissance : hormone ubiquitaire par excellence pendant la croissance.

Ocytocine et vasopressine : ce sont deux hormones libérées au niveau de la neurohypophyses par des neurones dont les corps cellulaires sont dans l'hypothalamus.

L'adénohypophyse libère ACTH, FSH et LH (et non LSH, faites attention).

15 **A : Vrai** – B : Faux – **C ; D : Vrai** – E : Faux

La tachycardie et la diarrhée sont des signes d'**hyperthyroïdie.**

16 **A : Vrai** – B ; C ; D : Faux – **E : Vrai**

Constipation, bradycardie et goitres ont des signes d'**hypothyroïdie**.

17 **A : Vrai** – B : Faux – **C : Vrai** – D : Faux – **E : Vrai**

Vasopressine : synonyme d'ADH ; **mélatonine** : synthétisée par la glande pinéale ; **prolactine** : hormone secrétée par l'adénohypophyse ; **ocytocine et ADH** : les deux hormones secrétées par la neurohypophyse

Corrigé exo 20.02

1. La **calcitonine** est une hormone hypocalcémiante, elle joue sur le taux de calcium, de trois manières :
- elle inhibe les ostéoclastes en diminuant la résorption osseuse et donc augmente le stockage du calcium dans l'os ;
- elle diminue l'absorption du calcium au niveau du duodénum ;
- elle augmente l'excrétion du calcium au niveau du néphron.

2. Une **hormone** est libérée par les cellules d'une glande endocrine dans le milieu interstitiel, elle agit après passage dans la circulation sanguine sur une cellule cible qui présente un récepteur spécifique.

Un **neurotransmetteur** est libéré dans la fente synaptique par le neurone présynaptique. Il stimule le neurone postsynaptique grâce à un récepteur, pour transmettre l'influx nerveux d'un neurone au suivant.

L'adrénaline et la noradrénaline sont à la fois des hormones et des neurotransmetteurs.

3. L'**érythropoïétine** est une hormone à spécificité très restreinte puisqu'un seul type de cellule est sensible à EPO : ce sont les érythroblastes de la moelle osseuse. C'est une hormone avec les propriétés des hormones (secrétées en petite quantité, véhiculées par le plasma, récepteurs spécifiques, *etc.*). Quand on dit que c'est un facteur de croissance, on s'intéresse à la fonction de cette molécule. Sous l'action de l'EPO, les érythroblastes vont se multiplier et se différencier pour donner les hématies.

4. Le taux de TSH plasmatique est un bon test de dépistage des dysfonctionnements thyroïdiens car c'est l'hormone clé dans la régulation de la synthèse de T3 et T4. Une insuffisance de T3/T4 entraîne une libération de TSH après stimulation de l'hypophyse par le TRH hypothalamique (via le système porte hypothalamo-hypophysaire). Un excès de T4 ou T3 entraînent une inhibition de la synthèse hypophysaire de TSH et l'inhibition hypothalamique du TRH par T3/T4.

Au total TSH élevée → hypothyroïdie ; TSH basse → hyperthyroïdie.

5. La synthèse des stimulines hypophysaires (TSH, ACTH, FSH, LH...) est sous le contrôle des libérines hypothalamiques (TRH, CRH, LH-RH...). Ces stimulines hypophysaires entraînent la sécrétion des hormones des glandes cibles : thyroïde, corticosurrénale, gonades...

Les hormones (T3/T4, cortisol, hormones sexuelles) vont exercer un *feedback* négatif sur l'hypothalamus et l'hypophyse et inhiber la libération des hormones hypothalamiques et hypophysaires, stoppant la stimulation des organes cibles.

6. *a : cortex préfrontal ; b : scissure de Sylvius ; c : cortex temporal ; d : cortex occipital ; e : cortex pariétal ; f : scissure de Rollando ; g : aire corticale motrice ; h : aire corticale prémotrice ; i : hypothalamus ; j: hypophyse ; k : tronc cérébral ; l : cervelet ; m : thalamus ; n : gyrus cingulaire ; o : corps calleux.*

CORRIGÉ

21 Physiologie sensorielle

UE 2.2

Corrigé QCM 21.01

1 **A : Vrai** – B : Faux – **C ; D : Vrai** – E : Faux

La **peau** est un organe composé de trois tissus, l'**épiderme** (épithélium de revêtement), le **derme** (conjonctif sous jacent) et l'**hypoderme** (couche adipeuse). Comme tous les épithéliums, l'épiderme n'est pas vascularisé. Le derme contient les corpuscules sensoriels et les glandes annexes, dont les **glandes sudoripares** qui sécrètent la sueur et les **glandes sébacées** qui sécrètent le sébum. La peau exerce des fonctions de protection immunitaire, de régulateur thermique, de réserve énergétique et de synthèse métabolique (vitamine D). Les phanères, poils, cheveux et ongles, sont constitués essentiellement de kératine (comme les cellules de la couche cornée).

2 A : Faux – **B : Vrai** – C ; D : Faux – **E : Vrai**

Douleur et toucher sont traités par deux types de **récepteurs sensitifs** différents, la **douleur** par des neurones libres insérés dans l'épiderme, le **toucher** par des neurones encapsulés dans des corpuscules (Ruffini, Meissner, Pacini…). La répartition des récepteurs sensitifs est fonction de la sensibilité de la zone (les doigts sont beaucoup plus sensibles que le dos par exemple) et la taille des aires corticales est proportionnelle à cette densité de répartition.

3 **A ; B ; C : Vrai** – D ; E : Faux

Il existe 5 familles de **récepteurs gustatifs** (sucré, amer, salé, acide, umami), même si cette classification n'est pas absolue. Les **cellules gustatives**, regroupées en **papilles** dont la majorité est sur la langue, sont détruites par l'alimentation et l'oxygène de l'air. Elles se renouvellent donc fréquemment à partir de cellules souches basales pour maintenir une population de quelques milliers. Une **papille** comporte tous les types de récepteurs. Cependant, le « goût » dépend également de l'**olfaction** et de nombreux autres stimuli (thermiques, mécaniques…).

4 **A : Vrai** – B : Faux – **C : Vrai** – D : Faux – **E : Vrai**

La spécificité de l'**épithélium olfactif** est que le signal est directement capté par les neurones olfactifs qui projettent leur axone à travers la lame criblée de l'ethmoïde dans le bulbe olfactif, sans intermédiaire. Les **neurones olfactifs**, les seuls neurones à être exposés de la sorte, se renouvellent constamment. Ils constituent une population d'environ 10 millions de cellules. Leurs récepteurs, des récepteurs couplés aux protéines G, constituent la deuxième plus grande famille de protéines après les immunoglobulines. On en dénombre plus de 300.

5 A ; B ; C : Faux – **D ; E : Vrai**

Ce schéma représente l'**oreille moyenne** et l'**oreille interne**. La légende complète est *a* : tympan, *b* : marteau, *c* : enclume, *d* : étrier, *e* : cochlée, *f* : nerf auditif, *g* : nerf vestibulaire, *h* : appareil vestibulaire. Le **nerf auditif** conduit les informations auditives, le **nerf vestibulaire** transmet les informations liées à l'équilibre.

6 **A : Vrai** – B ; C ; D : Faux – **E : Vrai**

La **rétine** est un système inversé dans lequel les photons traversent plusieurs couches cellulaires avant d'arriver aux **cellules réceptrices**, les **cônes** et les **bâtonnets**. Le **signal lumineux** est modulé par de nombreuses cellules des autres couches de la rétine jusqu'aux cellules ganglionnaires, en surface, qui envoient leurs axones par le **nerf optique** au cerveau. Les **bâtonnets**, responsables de la vision des contrastes et des mouvements, sont environ 120 millions, tandis que les **cônes**, spécialisés dans la perception des couleurs, sont environ 6 millions.

CORRIGÉ

22 Motricité

UE 2.2

Corrigé QCM 22.01

1 A : Faux – **B : Vrai** – C ; D ; E : Faux

Le **squelette** est une série d'organes qui sont utiles pour le mouvement et la protection mais pas seulement ; c'est aussi une réserve de minéraux et un site de stockage de la moelle osseuse. Le squelette est composé de 206 os qui s'organisent autour d'un axe central qui comprend les os du crâne, dits céphaliques, les vertèbres dits rachidiens et les 3 catégories de côtes. Même si le squelette est essentiellement fait de matière osseuse, il est aussi largement composé de matière cartilagineuse qui surfacent les zones d'articulation ou qui relient les os. Les parties du squelette appendiculaire commencent toutes par une ceinture soit scapulaire au niveau de bras soit pelvienne sur la cuisse. Parmi les os du squelette, on trouve des os de l'oreille interne qui ne servent que dans le mécanisme de l'audition et donc ne participent pas au mouvement du corps.

2 A ; B : Faux – **C ; D ; E : Vrai**

Les **muscles** sont rattachés aux os par des **tendons** qui, par leur grande résistance, sont composés de fibres de collagène en réseau organisés. La physiologie du système locomoteur est orchestrée par le **système nerveux** qui contrôle les muscles. Le **glucose** est effectivement dégradé par une réaction d'oxydoréduction qui produit de l'ATP. L'**ATP** est transformée en mobilité mécanique par l'actionnement des **têtes de myosine**. L'équilibre des positions est en partie contrôlé par les mécanismes nerveux réflexes et en partie par le système nerveux volontaire. Le **tonus musculaire** est une des composantes du maintien de la posture qui permet de résister à la gravité.

3 A ; B : Faux – **C ; D : Vrai** – E : Faux

Dans le crâne, on trouve des os liés entre eux par des sutures immobiles. Certains os sont présents en surface du crâne et en contact avec les tendons et leurs muscles, mais on trouve certains os qui servent à tenir l'assemblage osseux, comme l'**ethmoïde**. D'autres os servent pour la répartition des muqueuses, comme le **vomer**, et ne sont pas reliés aux muscles. Les os de la face sont les seuls qui continuent de pousser sous l'influence des **hormones sexuelles**. Le squelette axial, en plus du crâne, comporte aussi la colonne vertébrale appelée aussi « **rachis** ». Ce rachis comporte 4 courbures dans son allongement. Il manque la courbure cervicale à celles citées dans la question.

4 **A ; B ; C ; D : Vrai** – E : Faux

Le **trou vertébral** est postérieur, les vertèbres dorsales portent des **côtes**. Il existe une vertèbre cervicale qui ne comporte pas de corps vertébral : l'**atlas**.

5 A : Faux – **B ; C : Vrai** – D ; E : Faux

Dans l'organisation du membre supérieur, le **poignet** forme une zone constituée des os du carpe. L'**os ulnaire** participe au mouvement de flexion et extension de l'avant-bras et est stoppé par l'**olécrane**. Le **radius** est distal comme le pouce dans sa position de référence, il passe en croisement sur l'**ulna** lors du mouvement de pronation. Le **talus** permet l'articulation avec le **tibia** mais ne repose pas sur le sol car c'est le **calcanéum** qui forme le talon du pied.

6 A : Faux – **B : Vrai** – C : Faux – **D : Vrai** – E : Faux

La construction des lamelles osseuses est assurée par des ostéoblastes qui forme des structures concentriques appelés **ostéons** ou **système de havers**. L'os long est bien composé de différents types d'os mais, sur un os long, la partie longue est la **diaphyse** alors les extrémités qui forment les zones d'articulations sont appelées **épiphyses**. GH et hormone sexuelle sont bien capable de stimuler l'**ostéogénèse** mais par l'intermédiaire des **ostéoblastes**. C'est la **PTH**, hormone de la parathyroïde, qui active les ostéoclastes et qui permet de libérer des ions Ca^{2+} dans le sang.

7 **A ; B ; C ; D : Vrai** – E : Faux

On distingue 3 types de muscles : les **muscles striés squelettiques** liés aux os, des **muscles striés cardiaques** qui ne participe qu'à la structure du cœur et des **muscles lisses** qui servent le plus souvent dans la contraction des viscères. L'**épimysium** est une enveloppe musculaire qui englobe tout le muscle mais chaque faisceau est entouré de l'**endomysium**.

Corrigé exo 22.02

1. Le réflexe achilléen déclenche une contraction du muscle soléaire du mollet suite à une stimulation sur le tendon d'Achille. Un choc sur le tendon déclenche un allongement du muscle qui est perçu par les fuseaux neuromusculaires ou les récepteurs tendineux de golgi. Ces structures réceptrices créent un message nerveux sensoriel qui est véhiculé par le nerf sensitif intégré au nerf rachidien. Le message passe par la racine dorsale de la moelle épinière et est conduit jusque dans la substance grise de la moelle épinière. Une synapse permet de faire passer le message du neurone sensoriel à un neurone moteur qui a ses dendrites et son corps cellulaire dans le cordon de substance grise. L'axone de ce neurone se prolonge par la racine antérieure puis vers le nerf rachidien vers le muscle soléaire effecteur du mouvement réflexe. Une synapse neuromusculaire permet de transférer le message du neurone au muscle pour une dépolarisation musculaire qui engendre une contraction réflexe du muscle.

2. Les articulations du corps permettent de déplacer des portions du squelette et se distinguent par leur mode de mouvement :
- **abduction** : articulation de l'épaule qui relève le bras ;
- **circumduction** : mouvement du bras qui dessine un cercle à partir de l'épaule ;
- **extension** : mouvement ramenant la jambe vers l'avant depuis l'articulation du genou ;
- **flexion** : mouvement de rapprochement de 2 éléments articulés entre eux (l'articulation du genou qui permet d'approcher le talon du fessier) ;
- **hyper extension** : mouvement de bascule de la tête vers l'arrière ;
- **inversion** : mouvement de la voute plantaire qui vise à amener le gros orteil le plus haut possible pour voir la voute ;
- **protraction mandibulaire** : mouvement qui permet d'avancer le menton en pointe vers l'avant.

3. Le bras est le membre antérieur qui peut être mobilisé par les muscles suivants :
- **biceps brachial** : muscle qui se fixe sur le radius et la scapula, il est fléchisseur du coude et supinateur ;
- **triceps brachial** : fixé sur l'humérus et la scapula, il se lie aussi sur l'ulna ; il permet l'extension du coude ;
- **grand pectoral** : fixé sur la clavicule, le sternum et les côtes d'un côté et sur l'humérus de l'autre ; il est adducteur et rotateur du bras ;
- **deltoïde** : fixé à la scapula et la clavicule puis à l'humérus, il est extenseur du bras, abducteur de l'épaule ;
- **long fléchisseur du pouce** : fixé au radius et à la phalange distal du pouce, il permet la flexion du pouce ;
- **long abducteur du pouce** : fixé sur l'ulna et le premier métacarpien, il permet une abduction du poignet et du pouce.

4. L'échauffement déclenche des modifications physiologiques :
- amélioration de la tension pour un même stimulus ;
- production de chaleur pour fluidifier, de la synovie des articulations ;
- accentue la libération des fluides des cartilages articulaires ;
- amélioration de l'étirement des fibres musculaires et de l'élasticité musculaire ;
- orienter la distribution vasculaire vers les muscles actifs et consommateurs ;
- augmentation de la ventilation pulmonaire ;
- meilleure transmission de l'influx nerveux.

CORRIGÉ

23 Nutrition

UE 2.2

Corrigé QCM 23.01

1 **A : Vrai** Il y a bien deux ouvertures au fond de la bouche mais les choanes n'évacuent pas les aliments mâchés, elles sont l'orifice de connexion avec la cavité nasale. Le palais n'est pas rigide sur toute sa longueur car le voile du palais proche des choanes est une membrane molle, seul le palais antérieur est doté d'une structure osseuse. La bouche contient 32 dents. Le collet de la dent est lui aussi en contact avec la gencive.

B ; C ; D ; E : Faux

2 A ; B : Faux

C : Vrai La langue n'est pas constituée d'un seul muscle. Ces muscles sont fixés à la mandibule ou à l'hyoïde mais pas à un hypothétique voile cutané mandibulaire. La langue sert aussi pour la phonation. La sectorisation de la perception de la langue a été invalidée par des recherches récentes. C'est le nerf XII ou grand hypoglosse qui réalise le contrôle moteur de la langue.

D ; E : Faux

3 A ; B ; C : Faux

D : Vrai Les aliments sont tous composés de proportions spécifiques en protéines, lipides ou glucides, ce qui fait que chaque matière nutritive apporte des éléments différents. La nourriture équilibrée apporte surtout des glucides à hauteur de 50 %, puis des lipides à 35 % et 15 % de protéines. Mais il faut aussi apporter des vitamines, des acides nucléiques, de l'eau et des minéraux en plus des molécules indiquées. Certains acides aminés essentielssont absents de certaines protéines nutritives. On constate que les besoins énergétique d'une personne âgée sont réduits. L'eau qui alimente l'organisme est en grande partie présente dans les aliments + l'eau métabolique.

E : Faux

4 **A ; B : Vrai** – C : Faux – **D : Vrai** – E : Faux

Le pH acide du contenu stomacal à la valeur de 2 ou 3 permet d'activer la **pepsine**, enzyme digestive. L'**acidité** est produite par la sécrétion de HCl, qui s'opère essentiellement dans le **fundus stomacal**. L'estomac est responsable d'une digestion enzymatique par la **pepsine**, principalement orientée sur les protéines des aliments absorbés.

5 A ; B ; C : Faux

D : Vrai Le **foie** libère la **bile** qui passe par la vésicule biliaire avant d'entrer dans le tube digestif. Le **duodénum** n'a pas d'épithélium particulièrement adapté à l'acidité car le **chyme** du tube digestif n'y est pas acide mais basique. Le **pancréas** est une glande annexe du tube digestif qui assure des fonctions de digestion mais aussi des fonctions endocrines. Les **sels biliaires** assurent bien l'émulsion des lipides utiles à l'absorption par l'intestin.

E : Faux

6 A : Faux – **B : Vrai** – C ; D : Faux – **E : Vrai**

L'**amylase intestinale** ou **salivaire** sert à dégrader les glucides complexes. La **lipase pancréatique** ne dégrade que des lipides.

7 A : Faux – **B : Vrai** – C : Faux – **D : Vrai** – E : Faux

L'**eau** et les **sels minéraux** ne réagissent pas aux enzymes. Le **glucose** ne suit pas le gradient de concentration mais s'oppose à son gradient lors de l'absorption par les entérocytes qui doivent consommer de l'ATP, molécule énergétique, pour réaliser ce processus. Les **vitamines** sont absorbées par des transports actifs ou de la diffusion passive mais sans chylomicron

8 **A ; B ; C ; D : Vrai** – E : Faux

Les 4 premières enzymes sont bien des enzymes du tube digestif mais l'**ADN polymérase** ne permet pas la digestion car c'est une enzyme qui participe à la construction de l'ADN.

9 A : Faux – **B ; C ; D : Vrai** – E : Faux

Les **selles** sont en majorité composées d'eau. Mis à part le fait que le sphincter anal ne soit gérable par l'enfant que vers l'âge de 2 ans et demi, toutes les autres réponses sont exactes.

Corrigé exo 23.02

1. Le mécanisme de la **déglutition** comprend plusieurs étapes qui permettent d'avaler ou de parler mais pas de façon simultanée :
- relèvement de la langue qui pousse la nourriture vers le fond du pharynx ;
- soulèvement du voile du palais et fermeture des fosses nasales par la luette ;
- pression de la langue et de la gorge pour le passage du bol alimentaire dans le pharynx ;
- fermeture de la trachée artère par abaissement de l'épiglotte et poussée de la langue ;
- progression du bol alimentaire vers l'œsophage par relâchement du sphincter œsophagien.

2. Le mécanisme de **péristaltisme** est une série de contraction musculaire s'opérant sur le tube digestif pour faire progresser les substances dans la lumière du tube.

3. Le pancréas peut libérer plusieurs **molécules** :
- pour la digestion, le pancréas libère une enzyme appelée **trypsine** qui dégrade les protéines ;
- libération de **chymotrypsine**, de **carboxypeptidase**, de **ribonucléase**, de **désoxyribonucléase**, de **lipase** ou d'**amylase** ;
- sécrétion de **bicarbonate de sodium** pour réduire le pH.

Le pancréas est un organe qui contrôle de façon hormonale différents **phénomènes physiologiques**:
- **insuline** : hormone hypoglycémiante ;
- **glucagon** ; hormone hyperglycémiante ;
- **somatostatine** : contraction de vésicule biliaire et de l'intestin ;
- **polypeptide pancréatique** : inhibition de la sécrétion du pancréas.

4. a : œsophage ; b : fundus ; c : cardia ; d : corps de l'estomac ; e : antre du pylore ; f : duodénum ; g : canal pylorique ; h : pylore

24 Milieu intérieur et appareils

Corrigé QCM 24.01

1 **A : Vrai** – B : Faux – **C ; D : Vrai** – E : Faux

La **bilirubine** est éliminée en majorité dans la bile après conjugaison dans l'hépatocyte. Le rein élimine certaines **toxines** et c'est le foie qui les détoxifie.

2 **A : Vrai** – B : Faux – **C ; D : Vrai** – E : Faux

C'est le **foie** qui synthétise une molécule d'urée avec 2 molécules d'ammoniac (cycle de Cori). L'**osmolarité**, c'est une concentration osmolaire rapportée au volume d'eau (*ex.* : Osmol/L). L'**osmolalité**, c'est une concentration osmolaire rapportée au poids (*ex.* : Osmol/kg). La synthèse des protéines plasmatiques est essentiellement hépatique, à l'exclusion des immunoglobulines.

3 **A : Vrai** – B : Faux – **C : Vrai** – D : Faux – **E : Vrai**

Il n'a pas de filtration tubulaire, il n'y a que des **transferts tubulaires**. Il n'y a pas d'excrétion tubulaire.

4 A : Faux – **B : Vrai** – C : Faux – **D ; E : Vrai**

L'**urobiline** qui donne sa couleur à l'urine est issue de la bilirubine conjuguée réabsorbée au niveau de l'intestin grêle et filtrée par le rein car elle est devenue hydrosoluble.

5 A : Faux – **B : Vrai** – C ; D : Faux – **E : Vrai**

On dit classiquement que l'eau suit le sodium, le glucose... (c'est l'osmose). La réabsorption de l'eau est essentiellement passive. C'est la filtration glomérulaire qui est lié à la pression artérielle. La réabsorption de l'eau est fonction de la volémie, grâce à l'action de l'ADH.

6 **A ; C : Vrai** – B : Faux – **C : Vrai** – D ; E : Faux

Il n'y a pas d'hématies dans les urines normales (peut être le signe d'un cancer vésical ou rénal par exemple).

Milieu intérieur et appareils

7 **A : Vrai** – B : Faux – **C ; D : Vrai** – E : Faux

Les urines sont stériles.

8 **A : Vrai** – B : Faux – **C : Vrai** – D : Faux – **E : Vrai**

L'**hyperkaliémie** justifie l'hémodialyse dans l'IRC. Dans le syndrome néphrotique, il existe une **hypo-albuminémie**. Il y a une hypocalcémie associée à une hyperphosphatémie.

9 **A : Vrai** – B : Faux – **C : Vrai** – D : Faux

Comme le glucose, c'est 100 % des acides aminés qui sont réabsorbés au niveau du TCP. Le glucose est totalement réabsorbé jusqu'à une concentration de 1,8 g/L. Le potassium est seulement réabsorbé par le néphron à 90 %.

10 A : Faux – **B ; C ; D : Vrai** – E : Faux

La créatinine est filtrée mais n'est ni sécrétée, ni réabsorbée, c'est pour cela que sa clairance correspond au débit de filtration glomérulaire : 120 mL/minute.

11 **A : Vrai** – B : Faux – **C ; D : Vrai** – E : Faux

La **vasopressine** ou **ADH** agit sur le rein. Le **peptide auriculaire natriurétique**, secrété par l'oreillette, augmente l'élimination du sodium et, en conséquence, celle de l'eau. Il inhibe la sécrétion de l'ADH et de l'aldostérone. Il entraîne au final une diminution du volume sanguin.

12 **A : Vrai** – B ; C : Faux – **D ; E : Vrai**

Les **poumons** peuvent importer les toxines mais ne réalisent pas d'exportation de substances toxiques. Le **diazote** entre dans le sang lors de la ventilation mais il n'est pas utilisé par les cellules.

13 A ; B ; C ; D : Faux – **E : Vrai**

Le **cartilage** de la trachée ne fait pas tout le tour de la trachée. Le **pharynx** (= fond de gorge) est traversé par l'air avant d'entrer dans le **larynx**. Les **cordes vocales** sont situées dans la partie supérieure de la trachée, donc proches de l'**épiglotte**. Les voies aériennes sont composées de sacs de plus en plus petits et fins, appelés « **sacs alvéolaires** », qui réalisent les échanges.

14 A : Faux – **B ; C : Vrai** – D ; E : Faux

Les échanges sont assurés par une baisse de pression partielle des gaz dissous dans le sang. Tous les gaz inspirés peuvent passer la **barrière**

alvéolaire pour se répartir en fonction des pressions partielles des gaz. Le gaz se répand de la zone où la pression partielle est la plus forte vers celle où la pression partielle est la plus faible.

15 A : Faux – **B : Vrai** – C : Faux – **D ; E : Vrai**

L'expiration est associée à une hausse de la pression intra pleurale. La capacité pulmonaire totale comprend en plus du volume de réserve inspiratoire et du volume courant, le volume de réserve expiratoire et le volume résiduel.

16 A : Faux – **B : Vrai** – C ; D ; E : Faux

Plus le sang est acide, moins l'hémoglobine capte l'O_2. L'hémoglobine fœtale est plus performante que l'hémoglobine adulte. Une molécule d'hémoglobine porte 4 molécules d'O_2. L'hémoglobine ne perd pas toutes les molécules lors de sa décharge. Elle est composée de 4 groupements hème qui sont dotés chacun d'un seul atome de Fer.

17 **A : Vrai** – B ; C : Faux – **D : Vrai** – E : Faux

La paroi du cœur comprend le **péricarde**, le **myocarde** et l'**endocarde**. Le myocarde est fait de cellules musculaires striées cardiaques dont l'ensemble de certains territoires musculaires forment un **syncytium**. Les **valvules** sont des structures conjonctives non contractiles.

18 **A : Vrai** – B : Faux – **C : Vrai** – D ; E : Faux

Le **réseau de Purkinje** est situé dans les ventricules et permet de stimuler leur contraction. Le **nœud sinusal** ou **nœud de Keith et Flack** est le premier nœud autonome qui fixe le rythme cardiaque. Les fibres cardiaques sont intétanisables.

19 **A : Vrai** – B : Faux – **C : Vrai** – D ; E : Faux

L'**arythmie** est une forme d'irrégularité dans le rythme cardiaque. Le **nerf Vague** (qui est le nerf crânien pneumogastrique X) inhibe le cœur et le **nerf cardiaque sympathique** stimule de rythme cardiaque. Le **nerf de Cyon** capte les variations de pression sanguine grâce aux **barorécepteurs** et envoie son message vers le **centre bulbaire** de régulation de la pression artérielle.

20 **A : Vrai** – B ; C : Faux – **D ; E : Vrai**

Le **rein** est responsable de la filtration du sang pour en extraire les déchets, mais il assure aussi une fonction endocrine qui participe à la régulation de la pression sanguine. L'**urine primitive** est très différente de l'urine définitive : en concentration mais aussi en composition.

21 **A : Vrai** – B ; C : Faux – **D : Vrai** – E : Faux

L'**anse de Henlé** est située dans les pyramides de Malpighi médullaires. Le **glucose** est pompé dans l'urine primitive par le **tube contourné proximal** : l'urine secondaire ainsi produite ne contient plus de glucose. Les **glomérules** du rein ne filtre pas seulement 1,5 L car les glomérules filtrent presque tout le contenu du sang ce qui équivaut à 180 L/24 heures lors de chaque passage du sang.

Corrigé exo 24.02

1. Le **système juxtaglomérulaire**, situé près des artères afférentes et efférentes du glomérule de Malpighi, est sensible à la pression sanguine. En cas de pression artérielle faible, l'appareil juxtaglomérulaire va produire la **rénine** dans le sang. Cette enzyme va hydrolyser l'angiotensinogène hépatique en **angiotensine I**. Cette dernière molécule devient de l'**angiotensine II** dans les vaisseaux sanguins, et surtout dans ceux des poumons. L'angiotensine II est **vasoconstrictrice**, donc relève la pression sanguine. L'angiotensine II est **stimulatrice de l'aldostérone** qui active l'absorption de Na^+, et donc d'eau dans le sang, ce qui entraîne une hausse de la **pression sanguine**.

2. Le **sang** dans les vaisseaux cardiaques présente une pression particulière variable à tout moment de la vie. C'est le **cœur** qui permet la mise en circulation du sang. Le cœur, pour assurer l'éjection du sang dans la circulation sanguine, doit mettre le fluide sanguin dans une pression supérieure à la pression aortique. Lors de la phase de **systole ventriculaire**, le ventricule comprime le sang dans une phase iso-volumique qui permet d'accentuer la **pression sanguine intracardiaque**.

3. La contraction cardiaque comprend différentes étapes :
- diastole générale ;
- systole auriculaire ;
- systole ventriculaire iso volumique ;
- systole ventriculaire isotonique ;
- relâchement iso volumétrique.

4. La **ventilation** consiste à faire entrer et sortir de l'air des poumons. Il existe différents types de contractions musculaires qui permettent de mettre en mouvement les poumons. On distingue :
- les **muscles inspiratoires** : la contraction du diaphragme permet d'abaisser la paroi du diaphragme dans la cavité abdominale, la contraction des muscles intercostaux externes permet d'écarter les côtes, les muscles inspiratoires accessoires comme le muscle sterno-cléido-mastoïdien et le muscle scalène permettent un élargissement des poumons en cas de détresse respiratoire ;
- les **muscles de l'expiration forcée** : les muscles intercostaux internes qui permettent de rapprocher les côtes, les muscles abdominaux qui appuient sur les organes dans la cage thoracique par un resserrage de la ceinture musculaire.

5. Le **diabète insipide** est caractérisé par l'association d'une **polyurie** (jusqu'à 20 litres par jours) et d'une **polydipsie** (une soif impossible à étancher). Les urines sont diluées. La restriction des apports hydriques ne permet pas la concentration des urines. Le diabète insipide est dû à une déficience en **hormone antidiurétique** ou à une insensibilité des **tubes collecteurs** à celle-ci. À l'inverse du diabète insulinodépendant, il n'existe pas de **glycosurie**. Le diabète peut être d'origine **iatrogénique**.

6. L'ingestion d'une quantité importante de liquide en un temps très cours va entraîner une **inflation du milieu intérieur**. Celle-ci aura pour conséquence une **hypervolémie** et une baisse de l'**osmolarité plasmatique**. La stimulation des **osmorécepteurs** et des **volorécepteurs** hypothalamiques va entraîner une inhibition de la libération d'**ADH** par les axones des neurones hypothalamiques au niveau de la neurohypophyse. L'eau ne sera plus réabsorbée au niveau du tube collecteur. Ce qui entraîne une **diurèse** augmentée. Cela aura pour effet de restaurer une volémie et une osmolarité normale. La conséquence sera une **distension vésicale** à l'origine d'une miction impérieuse.

Milieu intérieur et appareils

7. Le **sang** arrivant au niveau de l'artériole afférente du néphron va être filtré par la **membrane de la chambre glomérulaire**. La structure de ce filtre est complexe, il permet la formation de l'**urine primitive** qui est un ultrafiltrat du plasma. Ce filtre est composée de l'endothélium fenêtré de l'artériole afférente, de la membrane basale et des podocytes. Le volume de plasma filtré est de 125 mL/minute, ce qui correspond au débit de filtration glomérulaire. L'urine primitive a une composition proche du **plasma**. Mais elle ne contient ni cellule sanguine, ni protéine plasmatique : elles ont été retenues par le filtre glomérulaire.

8. 3 grands processus de formation de l'urine définitive :
- la **filtration glomérulaire** : passage des substances du sang circulant du glomérule vers la lumière de la capsule glomérulaire rénale. C'est un phénomène passif sous contrôle principalement de la pression artérielle ;
- la **réabsorption tubulaire**: transfert de molécules du filtrat glomérulaire circulant dans la lumière des tubules du néphron vers le sang des capillaires péritubulaires (*ex.* : glucose et acides aminés ions et eau).
- la **sécrétion tubulaire** : passage des substances du sang des capillaires péritubulaires vers l'urine dans la lumière des tubules du néphron (*ex.* : ions H^+, médicaments, toxines).

9. L'**urine primitive** est un ultrafiltrat du plasma. Elle a une composition proche de celui-ci. Elle ne contient ni cellules, ni protéines, qui sont retenues par le filtre glomérulaire. Tout le long du néphron, réabsorption tubulaire et sécrétion tubulaire vont se produire.

1. Réabsorption totale : glucose, acides aminées

2. Réabsorption partielle :
- l'eau : 180 litres de plasma filtrés par jours, pour une diurèse de 1,5 à 2 L d'urines définitive, plus de 99,9 % d'eau réabsorbée ;
- les ions : 99 % des ions Na^+ et Cl^-, 90 % du K^+ ;
- l'urée : seulement 50 % de l'urée filtrée est excrétée, donc 50 % réabsorbée.

3. Sécrétion : les ions H^+, les urines définitives sont acides pH 5-6, des médicaments, les toxiques.

Ces chiffres montrent le rôle primordial du rein dans l'homéostasie hydro-électrolytique et acido-basique.

25 Homéostasies du milieu intérieur

Corrigé QCM 25.01

1 A : Faux – **B : Vrai** – C : Faux – **D : Vrai** – E : Faux

L'**homéostasie** est un équilibre dynamique. Claude Bernard a mis en évidence ce concept en étudiant la **régulation de la glycémie** chez l'animal. C'est William Cannon qui le premier a utilisé ce terme.

2 **A : Vrai** – B : Faux – **C ; D : Vrai** – E : Faux

3 **A : Vrai** – B : Faux – **C ; D ; E : Vrai**

La **pression artérielle** est fonction du débit cardiaque, donc du bon état du myocarde, et des résistances périphériques. Le **débit cardiaque** est fonction de la fréquence cardiaque et du volume d'éjection systolique, ce qui explique que l'**insuffisance cardiaque gauche** aura pour conséquence une baisse de la TA.

4 **A : Vrai** – B : Faux – **C : Vrai** – D : Faux – **E : Vrai**

L'**angiotensine II** est l'hormone active du système rénine-angiotensine-aldostérone. Les **hormones de la médullosurrénale A et NA** augmentent la fréquence cardiaque, avec pour conséquence une augmentation de la TA. Action indirecte, l'**ADH** entraîne une augmentation de la volémie et donc de la TA.

5 **A : Vrai** – B : Faux – **C : Vrai** – D : Faux – **E : Vrai**

L'implication du **rein** dans la régulation de la pression artérielle explique l'importance des **diurétiques** dans le traitement de l'**HTA**. Le **système sympathique** accélère le rythme cardiaque, le **parasympathique** le freine : ceci explique l'action du **SNA** sur la **tension artérielle**.

6 A : Faux – **B ; C : Vrai** – D : Faux – **E : Vrai**

L'**insuline** est hypoglycémiante. Les **traitements corticoïdes** au long court peuvent induire un diabète iatrogène.

Homéostasies du milieu intérieur

7 **A : Vrai** – B ; C ; D ; E : Faux

L'**insuline** est la seule hormone hypoglycémiante, c'est bien le problème du **diabète insulinodépendant**.

8 A ; B ; C : Faux – **D ; E : Vrai**

Le **glucose** passe le filtre glomérulaire, il est totalement réabsorbé par les cellules du **TCP**. Le diabète insipide est dû à un défaut d'**ADH**, dans ce cas il y a une hyperdiurèse sans **glycosurie**.

Le glucose est responsable d'une **polyurie** lorsqu'il est présent dans les urines : l'eau suit le glucose par osmose. Le glucose est retrouvé dans les urines lorsque la glycémie est égale à 1,8 g/L (transport maximum de glucose). Le **rein,** au-delà de ce taux, est débordé et incapable de réabsorber tout le glucose. Le glucose passe alors dans l'**urine définitive**.

9 A ; B : Faux – **C : Vrai** – D : Faux – **E : Vrai**

C'est l'**hypothalamus** qui, grâce au SN et la sécrétion du TRH, est le « chef d'orchestre » de la thermorégulation, comme pour d'autres boucles de régulation. Les **catécholamines** sécrétées par la médullosurrénales (A et NA) sont impliquées dans le **stress** et l'**effort physique**. La **thyroïde** participe à l'équilibre thermique au travers du **métabolisme de base**.

10 **A ; B ; C : Vrai** – D : Faux – **E : Vrai**

11 **A ; B : Vrai** – C : Faux – **D : Vrai** – E : Faux

Le **peptide auriculaire natriurétique** est secrété par l'oreillette droite en cas d'étirement de la paroi, il augmente l'élimination rénale du sodium, avec pour conséquence une baisse de la volémie. Il a une action hypotensive. L'**ADH** réabsorbe l'eau, pas le sodium au niveau du **tube collecteur**.

12 A : Faux – **B : Vrai** – C ; D ; E : Faux

L'**aldostérone** est la seule hormone kaliurétique. Elle élimine un K^+ et réabsorbe un Na^+, avec pour conséquence indirecte la réabsorption d'eau par **osmose**, avec des conséquences sur la **volémie** et la **tension artérielle**. La **parathormone (PTH)** est impliquée dans la régulation de la **calcémie**.

13 **A : Vrai** – B : Faux – **C : Vrai** – D : Faux – **E : Vrai**

C'est l'enzyme de conversion de l'angiotensine (ACE) qui transforme l'angiotensine I en angiotensine II, qui est l'hormone active. L'eau suit le sodium, avec une action hypertensive indirecte. L'ACTH d'origine hypophysaire stimule l'ensemble des sécrétions de la corticosurrénale.

14 **A ; B : Vrai** – C : Faux – **D : Vrai** – E : Faux

Soif et pli cutané sont des signes de **déshydratation** : la physiologie du Na^+ est liée à celle de l'eau. La sécheresse de la peau et des muqueuses est un signe de **déshydratation extracellulaire**, puis **intracellulaire** en l'absence de réhydratation.

15 A ; B : Faux – **C : Vrai** – D : Faux – **E : Vrai**

L'**hyperhydratation** de l'hyponatrémie peut être à l'origine d'un **œdème cérébral gravissime**. Les signes cliniques sont peu spécifiques, « dégoût de l'eau ».

16 **A ; B : Vrai** – C ; D ; E : Faux

Défaut d'apport hydrique, personnes âgées et nourrissons, ou polyurie. Toujours l'association hypernatrémie-déshydratation.

17 A ; B : Faux – **C ; D ; E : Vrai**

Ne pas oublier l'hyponatrémie de l'**insuffisance surrénalienne** par absence d'aldostérone. Le traitement de l'**insuffisance surrénale aiguë** est une urgence absolue.

18 **A ; B : Vrai** – C ; D : Faux – **E : Vrai**

Le **milieu interstitiel** ou **lymphe** qui baigne l'ensemble de nos cellules. Les **liquides transcellulaires** (bile, LCR...) ne font pas parti du milieu intérieur. Le **milieu interstitiel** est canalisé par les **vaisseaux lymphatiques**. Ils rejoignent le milieu vasculaire au niveau des **troncs veineux brachiocéphaliques** droit et gauche.

19 A ; B ; C : Faux – **D : Vrai** – E : Faux

Le **plasma** représente environ 3,5 litres en fonction de l'hématocrite. Pour un homme de 70 kg, le **milieu intracellulaire** représente environ 28 litres. Le **LCR** à un rôle très particulier : il protège le SNC en amortissant les chocs.

Homéostasies du milieu intérieur

20 A : Faux – **B ; C : Vrai** – D : Faux – **E : Vrai**

Le LEC est un ultrafiltrat du plasma, pauvre en protéines. Le LIC est riche en potassium alors que le milieu extracellulaire est riche en sodium. À l'équilibre, les osmolarités intra- et extracellulaires sont égales (300 mOsmoles), ce qui équilibre les mouvements d'eau.

21 **A : Vrai** – B : Faux – **C : Vrai** – D : Faux – **E : Vrai**

Les osmorécepteurs sont au niveau de l'hypothalamus. La soif est le seul paramètre physiologique de régulation des entrées.

22 A : Faux – **B : Vrai** – C : Faux – **D : Vrai** – E : Faux

La lymphe canalisée est pauvre en protéines. La pression oncotique représente une pression de l'ordre de 15 mOsmoles. Elle compense la pression veineuse, 12 mOsmoles, qui a tendance à empêcher l'eau de revenir vers le lit vasculaire. Il n'y a pas d'hémoglobine dans le plasma.

23 A ; B : Faux – **C ; D ; E : Vrai**

La réabsorption rénale de calcium est au niveau du TCD sous l'action de la PTH. Le calcitriol ou vitamine D stimule l'absorption du calcium par le système digestif. Il renforce l'action directe de la PTH.

24 A : Faux – **B : Vrai** – C ; D ; E : Faux

La calcitonine est une hormone hypocalcémiante.

25 A : Faux – **B ; C : Vrai** – D ; E : Faux

Le système parasympathique déclenche la contraction du détrusor. Le besoin de miction apparaît pour un volume d'urine de 300 à 400 mL.

26 **A : Vrai** – B : Faux – **C : Vrai** – D : Faux – **E : Vrai**

Le pH est supérieur à 7,42 dans l'alcalose. Le pH est inférieur à 7,38 dans l'acidose.

Corrigé exo 25.02

1. Une variable régulée est un paramètre physique ou biologique qui a une valeur cible, dite « de consigne », qui va faire l'objet d'une régulation (constante régulée) :

1. la température centrale : équilibre thermique 37 °C ;

2. le PH sanguin : équilibre acido-basique pH 7,4 ;

3. la glycémie : 1 g/L ou 5,5 mmoles ;

4. l'osmolarité et les électrolytes du milieu intérieur : équilibre hydro-électrolytique :
- osmolarité plasmatique : 300 mOsmoles,
- volémie : 5 litres ;

5. la pression artérielle : 12-8.

2. Une **boucle de régulation** permet de maintenir constant un paramètre biologique régulé.

Boucle de régulation :
- une grandeur à mesurer ;
- une valeur de consigne ;
- des capteurs ;
- un centre de contrôle ;
- des effecteurs.

3. Composants de la boucle de régulation de la thermorégulation :
- grandeur à mesurer : température corporelle ;
- valeur de consigne : 37 °C ;
- capteurs : centraux hypothalamiques et périphériques cutanés ;
- centre de contrôle : hypothalamus ;
- effecteurs : muscles, vaisseaux, glandes sudoripares, hypophyse (TSH).

• Régulation en cas d'hypothermie :
- frisson (consommer de l'énergie pour se réchauffer, tonus musculaire augmente, activité musculaire qui se déclenche, non contrôlable) ;
- vasoconstriction pour diminuer les pertes périphériques et privilégier les organes centraux ;
- activité musculaire ;
- augmentation du métabolisme de base (thyroïde).

Homéostasies du milieu intérieur

- Régulation en cas d'hyperthermie :

– vasodilatation ;
– transpiration ;
– diminution du métabolisme de base.

4. Après le naufrage de la *Méduse*, les marins sur le radeau, avaient très peu d'eau douce à leur disposition. Les restrictions en eau entraînaient chez eux une déshydratation avec une soif intense. L'eau de mer qui entourait le radeau était une tentation difficile à réprimer pour de jeunes matelots. Les vieux marins savaient qu'il ne fallait pas boire d'eau de mer sous peine de mort.

Pourquoi ?

L'ingestion d'eau de mer apporte une importante quantité d'**ions sodium**. Ceux-ci vont être à l'origine d'une **hypernatrémie**, majorée par la perte d'eau au niveau du rein pour éliminer le sodium en excès. Cette **déshydratation** avec hypernatrémie va majorer la sensation de soif. Elle va amener le marin à boire encore plus d'eau de mer pour étancher sa soif. Il entre alors dans un cercle vicieux fatal, qui aura pour conséquence une déshydratation globale, comme ce que l'on peut observer dans le désert, un comble dans un environnement hydrique.

Une solution dans ce cas de figure serait de boire son urine, pauvre en sodium.

26 Les grandes fonctions au cours de la vie et perpétuation

Corrigé QCM 26.01

1 A : Faux – **B : Vrai** – C : Faux – **D : Vrai** – E : Faux

Les **gamètes** sont des cellules haploïdes, c'est-à-dire qu'ils ne contiennent qu'une série de **chromosomes** (un de chaque paire). Lors de la **fécondation**, un patrimoine génétique complet est restauré (1 + 1 = 2), l'œuf, ou **zygote**, est diploïde. En principe, la fécondation se produit dans la **trompe**, plutôt du côté de l'ovaire d'où l'**ovocyte** vient d'être éjecté et capté par le pavillon de la trompe. Lors du processus normal, un seul **spermatozoïde** peut pénétrer l'ovocyte en raison de divers mécanismes de blocage à la **polyspermie**. La **trisomie 21** est due à une anomalie de séparation des chromosomes qui survient pendant la **gamétogenèse**, c'est-à-dire pendant la production des gamètes, bien avant leur rencontre.

2 A ; B : Faux – **C ; D ; E : Vrai**

Dès la **fécondation**, la première division du **zygote** commence. Au bout de quelques jours, l'embryon ressemble à une petite mûre, il est au **stade morula**, et ses cellules sont totipotentes. Vers la fin de la première semaine, lorsque l'embryon débouche dans l'utérus, se produit l'éclosion de l'embryon hors de sa **zone pellucide** (une sorte de coquille protéique). Ceci permet à la fois la croissance de l'embryon, qui était jusque là confiné, et son enfouissement dans l'endomètre utérin, phase dite d'**implantation** ou de **nidation**. À ce stade, en fin de première semaine, l'embryon est au stade **blastocyste**, où la première différenciation cellulaire se produit : autour, les cellules du futur placenta, à l'intérieur, les cellules du futur fœtus. À la 3e semaine, 3 feuillets s'organisent dans les cellules du futur fœtus : **endoderme**, **mésoderme** et **ectoderme**, qui auront des devenirs très différents. À ce stade, l'embryon a une forme grossièrement discoïde.

3 **A ; B ; C ; D ; E : Vrai**

Autour de ses trois **feuillets germinatifs** mis en place à la 3e semaine, l'embryon se replie pour internaliser l'endoderme à la 4e semaine. Ainsi, l'**endoderme** se retrouve au centre de l'embryon, il formera l'**épithélium** de tout le système digestif et pulmonaire. Autour, est le **mésoderme** qui formera tous les os, muscles et tissus mous du tronc et des membres. Enfin, autour, l'**ectoderme** permettra à la fois la formation du système nerveux et de l'épiderme. La fin du premier mois de développement correspond au « **stade phylotypique de la pharyngula** », étape à laquelle tous les embryons de vertébrés (poule, salamandre, chien, homme...) ont le même aspect extérieur. Pendant le 2e mois, tous les principaux organes se mettent en place. La **période fœtale** proprement dite, du 3e au 9e mois, est une période de croissance et de complexification.

4 **A : Vrai** – B ; C : Faux – **D ; E : Vrai**

En deçà de 37 semaines, le bébé est **prématuré**, au-delà de 41, on provoque l'accouchement en administrant des **prostaglandines** ou de l'**ocytocine**, hormones induisant les contractions. La présentation normale du bébé est la tête en bas, le fœtus se retournant en principe vers 7 mois de grossesse. Peu de temps après l'**expulsion** du nouveau-né, il est impératif de vérifier le décollement et l'expulsion des **annexes** (placenta et caduques utérines). Le bon déroulement de cette phase importante, la **délivrance**, évite à la mère une hémorragie sévère. Si la vulve est trop petite pour laisser passer le bébé, on peut pratiquer une **épisiotomie**, qui consiste à couper le périnée en direction de l'anus sur 1 ou deux centimètres pour donner plus de place au bébé. Ce geste n'est pas anodin.

5 A : Faux – **B : Vrai** – C ; D : Faux – **E : Vrai**

L'**hormone de croissance GH** agit principalement sur le foie, même si elle exerce un **rétrocontrôle** sur sa propre production dans le **complexe hypothalamo-hypophysaire**. À la naissance, la fréquence cardiaque est de 130 bpm environ, pour descendre à environ 100 bpm dans les premières années, et à 80 chez l'adulte. La **puberté** est marquée par la maturation des organes génitaux. La **gonade** (ovaire, testicule) devient fonctionnelle et les régulations hormonales se mettent en place. Le premier signe de la puberté est cliniquement l'augmentation du volume gonadique, le plus souvent c'est l'apparition des poils pubiens. L'éjaculation de sperme (souvent, nocturne et incontrôlable) chez le garçon et les premières menstruations (pertes cycliques naturelles de l'endomètre utérin) chez les filles signalent que l'appareil génital est fonctionnel et que la **capacité de reproduction** est acquise.

6 A ; B ; C : Faux – **D : Vrai** – E : Faux

L'**ovogenèse** chez la femme est un processus discontinu subissant des arrêts. Avant la naissance, l'ovocyte entame la **méiose** et reste arrêté en **prophase I**. Il est entouré d'une couche de cellules folliculaires et l'ensemble forme un **follicule primordial**. Pendant la période infantile, les follicules n'évoluent pas, mais un grand nombre dégénère. La **folliculogenèse** proprement dite démarre à la puberté et s'arrête à la ménopause. Les cellules folliculaires deviennent cubiques et épithéliales autour de l'ovocyte (follicule primaire), puis se multiplient et s'organisent en plusieurs couches dans lesquelles se distinguent la **granulosa** et les **thèques** (follicule secondaire). Une cavité nait ensuite dans la granulosa, l'**antrum**, et le follicule devient tertiaire. Le **follicule de De Graaf** est le follicule mûr. Quelques heures avant son explosion (l'ovulation), l'**ovocyte** achève la **méiose I** et entame la **méiose II**. Il s'arrête à nouveau en **métaphase II** et ne terminera sa **méiose** que s'il est fécondé.

7 A : Faux – **B : Vrai** – C : Faux – **D ; E : Vrai**

La **spermatogenèse** est séparée en trois phases distinctes. Les **spermatogonies** sont en phase de prolifération intensive. Dès qu'elles entrent en **méiose**, elles prennent le nom de **spermatocytes**, d'ordre I ou II, selon qu'ils sont en première ou deuxième division de méiose. À l'issue de la méiose, la cellule est appelée **spermatide**. Elle doit subir une étape de maturation appelée **spermiogenèse** pour devenir un **spermatozoïde**. Tout ce processus est sous le contrôle et la dépendance des cellules nourricières de Sertoli, à l'intérieur de l'épithélium séminifère.

Les grandes fonctions au cours de la vie et perpétuation

8 A : Faux – **B : Vrai** – C ; D : Faux – **E : Vrai**

Légende complète : (a) vessie (stocke l'urine) ; (b) urètre (organe de la miction) ; (c) vagin (organe de la copulation) ; (d) ovaire (gonade) ; (e) trompe de Fallope (ou oviducte) ; (e) corps de l'utérus (organe de la gestation) ; (f) uretères (conduits du rein à la vessie). Il y a souvent confusion entre les **voies urinaires** et les **voies génitales**, qui sont bien distinctes chez la femme. Par ailleurs, il ne faut pas confondre non plus l'**uretère** qui conduit l'urine du rein à la vessie et l'**urètre** qui est le conduit de la miction. Le **clitoris** (organe du plaisir féminin) n'est pas représenté ici, ni la **vulve** (vestibule d'entrée dans le vagin, composé des petites et des grandes lèvres). Enfin, on confond souvent les **trompes utérines**, baptisées par Fallope, avec les **trompes d'Eustache**, dans l'oreille moyenne !

9 A : Faux – **B : Vrai** – C : Faux – **D ; E : Vrai**

Légende complète : (a) uretères (conduit l'urine du rein à la vessie) ; (b) vessie (stocke l'urine) ; (c) prostate (fabrique le liquide séminal) ; (d) corps caverneux (permet l'érection du pénis) ; (e) gland du pénis (extrémité renflée recouverte du prépuce) ; (f) testicule (gonade) ; (g) épididyme (lieu de stockage et de maturation des spermatozoïdes) ; (h) corps spongieux (permet d'éviter l'écrasement de l'urètre lors de l'érection) ; (i) canal déférent (conduit le liquide séminal des testicules à l'urètre). Les **vésicules séminales**, situées derrière la vessie, ne sont pas visibles ici. Elles fabriquent également une grande partie du **liquide séminal**, avec la **prostate**. Le fluide testiculaire contenant les **spermatozoïdes** ne représente que 10 % au volume total du sperme.

Corrigé exo 26.02

1. *1 : c ; 2 : e ; 3 : a ; 4 : d ; 5 : b.*

29 Brûlures, plaies et douleur

Corrigé QCM 29.01

1 A ; B : Faux – **C ; D : Vrai** – E : Faux

La peau constitue une barrière protectrice contre les agressions. Pour retenir les différentes couches et leur organisation, reprenez l'étymologie des préfixes :
- *epi-* : préposition grecque qui signifie « à la surface » ;
- *hypo-* : préposition grecque qui signifie « en dessous ».

2 **A : Vrai** – B ; C : Faux – **D ; E : Vrai**

3 A : Faux – **B ; C : Vrai** – D : Faux – **E : Vrai**

4 **A ; B ; C : Vrai** – D ; E : Faux

La **phase inflammatoire** précède la **phase proliférative**. Durant la phase proliférative, la plaie est fortement colonisée par des **germes**. Cependant, une infection locale perturbera le processus de **cicatrisation**.

5 **A ; B ; C ; D ; E : Vrai**

6 A : Faux – **B : Vrai** – C : Faux – **D ; E : Vrai**

Les **phlyctènes** sont caractéristiques d'une brûlure du **2e degré**. Les brûlures du **3e degré** ne cicatrisent jamais spontanément. On distingue le **2e degré superficiel** qui cicatrise toujours et le **2e degré profond** dont la cicatrisation spontanée est variable.

7 A : Faux – **B : Vrai** – C : Faux – **D ; E : Vrai**

8 **A : Vrai** – B : Faux – **C : Vrai** – D : Faux – **E : Vrai**

9 **A ; B : Vrai** – C ; D : Faux – **E : Vrai**

Les **morphiniques** quelle que soit la voie d'administration sont classés **palier 3**.

L'ACUPAN® doit être considéré de **palier 1** car ne contient pas de dérivés opioïdes.

10 A ; B : Faux – **C ; D : Vrai** – E : Faux

Codéine : palier 2 ; **morphine** : palier 3 ; **AINS** : palier 1.

Corrigé exo 29.02

1. La **cicatrisation** d'un tissu lésé comporte plusieurs étapes :

- une phase de détersion : sécrétion de molécules inflammatoires, activation de l'hémostase, puis exsudation ;
- une phase proliférative : développement de tissu granuleux constituant le bourgeon charnu ; synthèse de collagène ;
- une phase de bourgeonnement : remodelage du bourgeon charnu et densification du collagène.

2. La définition classiquement retenue de la douleur est celle de l'***International Association for the Study of Pain (ASP)*** : c'est « une expérience sensorielle et émotionnelle, désagréable, due à une lésion tissulaire réelle ou potentielle, ou décrite en ces termes ».

Les différentes composantes de la douleur :

- aspect sensori-discriminatif ;
- aspect affectif et émotionnel ;
- aspect cognitif et comportemental ;
- mémorisation.

3. **Niveaux de douleurs** définis par l'OMS :

Niveau 1 : douleurs faibles ou modérées	Antalgiques non morphiniques : paracétamol, aspirine AINS, kétoprofène et néfopam
Niveau 2 : douleurs modérées	Antalgiques dérivés de la morphine : codéine (associée à du paracétamol) et tramadol
Niveau 3 : douleurs intenses	Morphine et oxycodone

4. Différences entre **douleur aiguë** et **douleur chronique** :

	Douleur aiguë	Douleur chronique
Durée	Quelques jours	Supérieure à 3 mois
Mécanisme	Inflammation liée à une atteinte tissulaire	Mécanismes intriqués (lésion neurologique, inflammation...)
Évolution	Résolution	Persistance
Conséquences	Limitée	Cercle vicieux

5. Le circuit nociceptif de la douleur :
- **stimuli douloureux** à la périphérie ;
- **récepteurs cutanées ou nocicepteurs** : terminaisons libres des neurones ;
- traduction sous forme de **potentiel d'action** puis transmission du **message nociceptif** (influx nerveux) le long de la fibre nerveuse sensitive ou fibre afférente ;
- transmission du message nociceptif au niveau de la corne postérieure de la mœlle épinière : libération synaptique de **médiateurs excitateurs et inhibiteurs de la douleur** ;
- **modulation et transmission du signal** vers les centres supérieurs via un neurone post-synaptique.

6. Critères de gravité d'une brûlure :
- la surface ;
- la profondeur ;
- la localisation :
  - face et périnée sur le plan des fonctions vitales,
  - mains, pieds, orifice, zones articulaires, sur le plan fonctionnel,
  - face, poitrine, mains sur le plan esthétique ;
- les inhalations de fumées ;
- les brûlures chimiques et électriques ;
- l'âge du patient : les âges extrêmes sont plus vulnérables ;
- l'existence de pathologies préexistantes : diabète, dénutrition...

CORRIGÉ

30 Fractures et luxations des membres

UE 2.4

Corrigé QCM 30.01

1 A : Faux – **B ; C : Vrai** – D : Faux – **E : Vrai**

On parle de **pseudarthrose** (et non d'arthrose) lors de retard de consolidation. L'**arthrose** peut être une complication des fractures articulaires. L'hématome fracturaire fait parti du processus de formation du cal osseux.

2 **A ; B : Vrai** – C ; D : Faux – **E : Vrai**

Ce les sont caractéristiques de **lésions tendineuses des extenseurs** pour A et B, des **fléchisseurs** pour E. Les paresthésies se retrouvent dans les **lésions nerveuses**, avec une perte de sensibilité en lien avec le territoire du nerf lésé.

3 **A ; B : Vrai** – C ; D : Faux – **E : Vrai**

Le pied sera en rotation externe et le membre sera en ***varus***.

4 A : Faux – **B ; C ; D ; E : Vrai**

Il s'agit de fracture du sujet jeune après **choc violent** : ski, AVP qui nécessite la recherche d'autres lésions associées.

5 **A ; B ; C ; D : Vrai** – E : Faux

6 A : Faux – **B ; C : Vrai** – D ; E : Faux

Le **syndrome des loges** ou **compartimental** est lié au fait que les loges musculaires sont très peu extensibles. On observe une augmentation de la pression intracompartimentale (liée aux œdèmes, infiltrat, pansement trop serré, brûlures...) et donc une diminution de la perfusion capillaire et une compression nerveuse. Il s'agit d'une urgence chirurgicale. Les fractures, traumatismes ou traitements orthopédiques sont susceptibles de provoquer un syndrome des loges (membre inférieur et supérieur).

7 A ; B : Faux – **C ; D ; E : Vrai**

Ce sont des fractures fréquentes chez le patient âgé.

8 **A : Vrai** – B : Faux – **C ; D ; E : Vrai**

9 A : Faux – **B ; C ; D ; E : Vrai**

10 A : Faux – **B ; C ; D ; E : Vrai**

Corrigé exo 30.02

1. Le **syndrome de Volkman** est une complication de la fracture diaphysaire des deux os de l'avant-bras. Il s'agit d'un **syndrome des loges dépassé** (augmentation du volume des loges musculaires, liée à l'œdème, l'hématome, les infiltrats hémorragiques et qui va entraîner des compressions nerveuses et vasculaires) qui provoque une rétraction ischémique des muscles de l'avant-bras caractérisée par une atteinte fonctionnelle de la main et du poignet.

2. Éléments de surveillance et les actions à mettre en place :
- veiller à l'immobilisation du trait de fracture ce qui permet une analgésie ;
- favoriser la surélévation de l'avant-bras afin de favoriser le retour veineux et limiter le risque d'œdème ;
- surveillance de la douleur et de l'efficacité du traitement antalgique ;
- surveillance des complications spécifiques :
  - en cas de douleur intense, gonflement des doigts, changement de couleur et de température (froideur), perte de sensibilité ou/et de motricité des doigts : prévenir d'urgence et redouter l'apparition d'un syndrome de Volkman,
  - surveiller les signes locaux et généraux de l'infection : chaleur, rougeur, fièvre, asthénie, tachycardie, marbrures…

3. **Ostéosynthèse** : traitement chirurgical de réduction des fractures à l'aide de vis, plaque, clou, broches…

Ostéotomie tibiale : résection chirurgicale du tibia afin de ré-axer le membre inférieur dans l'axe fémoro-tibial.

Méniscectomie : résection chirurgicale totale ou partielle d'un ménisque.

Coxarthrose : lésion dégénérative de l'articulation de la hanche.

CORRIGÉ

31 Traumatismes graves

UE 2.4

Corrigé QCM 31.01

1 A : Faux – **B : Vrai** – C : Faux – **D ; E : Vrai**

La mœlle s'arrête en L2. La colonne contient 12 vertèbres thoraciques.

2 A ; B : Faux – **C ; D ; E : Vrai**

Les lésions apparaissent en dessous du niveau lésionnel, soit, pour une section médullaire en D10 : paralysie au delà du cône terminal.

3 A : Faux – **B ; C ; D ; E : Vrai**

Les 3 méninges sont la dure-mère, l'arachnoïde et la pie-mère.

4 **A ; B ; C ; D ; E : Vrai**

5 A : Faux – **B ; C : Vrai** – D : Faux – **E : Vrai**

6 A : Faux – **B : Vrai** – C ; D : Faux

7 **A ; B ; C : Vrai** – D : Faux – **E : Vrai**

8 A : Faux – **B : Vrai** – C : Faux – **D ; E : Vrai**

La PIA est comprise entre 0 et 5 mmHg.

9 A : Faux – **B ; C ; D ; E : Vrai**

Corrigé exo 31.02

1. Organes du plus souvent lésé au moins souvent lésé : (*d*), (*b*), (*c*), (*e*) puis (*a*).

2. *Ces conséquences dépendent du niveau lésionnel.*

Respiratoires :

- si > C4 : paralysie diaphragmatique, dépendance respiratoire complète ;
- C5 et thoraciques hautes :
  - autonomie ventilatoire théorique,
  - en réalité précaire (infections, atélectasies...).

Cardiovasculaires :

- ablation tonus sympathique en aval de la lésion (centres sympathiques de T1 à T6) ;
- vasoplégie par diminution résistances vasculaires systémiques : hypovolémie relative, diminution de l'adaptation aux variations de volémie +++ ;
- prédominance parasympathique : bradycardie, risque d'arrêt cardiocirculatoire lors des stimulations vagales et des changements de position ;
- si lésion > ou = C2 : arrêt cardiocirculatoire d'emblée.

3. Le **polytraumatisé** est un blessé porteur d'au moins deux lésions traumatiques graves dont l'une d'elles met en jeu son pronostic vital.

La prise en charge immédiate doit permettre d'effectuer un **bilan lésionnel complet** et mise en condition pour **évacuation** mais sans retarder le traitement étiologique.

- Gestes d'urgence vitale – Évaluation des détresses vitales

Neurologique :

- conscience (Score de Glasgow) ;
- motricité (bouge les jambes), sensibilité (mal au dos).

Circulatoire :

- fréquence cardiaque+++ ;
- pression artérielle ;
- état des jugulaires externes.

Respiratoire :

- insuffisance respiratoire aiguë ;
- asymétrie auscultatoire ;
- SpO_2.

- Examen complet et premier bilan lésionnel.
- Transport vers un centre spécialisé :
  - matelas coquille + minerve cervicale ;
  - stabilisation des détresses vitales.
- Libérer les voies aériennes supérieures.
- Restaurer l'hypovolémie.
- Réalignement et immobilisation des membres.
- Antibioprophylaxie.

- Pansements.
- Sédation et analgésie.

4. Ce sont les **ACSOS** : agressions cérébrales secondaires d'origine systémique ou lésions associées aggravant l'état neurologique car elles vont majorer l'œdème cérébrale.

Les facteurs sont :
- hypotension artérielle (PAS $<$ 90 mmHg) ;
- hypoxémie ($PaO_2 < 60$ mmHg) ;
- hypercapnie ($PaCO_2 > 45$ mmHg) ;
- hypocapnie ;
- anémie (hématocrite $<$ 30 %) ;
- hypertension artérielle ;
- hyperthermie (t° $>$ 38 °C) ;
- hyperglycémie ;
- hyponatrémie.

5. Une plaie par arme blanche au niveau du thorax peut être à l'origine des lésions pleuro pulmonaires, médiastinales ou myocardiques se traduisant par un hémopneumothorax ou présence d'air et de sang dans la cavité pleurale normalement virtuelle.

Gestes et matériel spécifique :

En fonction de la tolérance respiratoire et hémodynamique du patient.
- position demi-assise en l'absence d'état de choc hypovolémique, liberté des voies aériennes vérifiée ;
- oxygénothérapie avec masque à haute concentration ;
- pose d'une ou plusieurs voies d'abord périphériques de gros calibre ;
- drainage de sauvetage par simple ponction évacuatrice à l'aiguille dans le cas d'un pneumothorax compressif ;
- pose d'un drain thoracique (décompression) de bon calibre non aspiratif avec dispositif d'autotransfusion si pertes sanguines importantes ou sur valve de Heimlich ;
- intubation orotrachéale sous AG séquence d'induction rapide +/- ventilation mécanique (risque d'embolie gazeuse) si détresse vitale ;
- auscultation, surveillance clinique, oxymétrie, capnométrie.

34 Hygiène des mains

Corrigé QCM 34.01

1 A ; B ; C : Faux – **D : Vrai** – E : Faux

7 étapes sont nécessaires pour réaliser la technique d'un traitement hygiénique des mains par frictions avec un produit hydroalcoolique. Ces étapes conditionnent l'efficacité de cette hygiène des mains.

2 A ; B : Faux – **C : Vrai** – D ; E : Faux

Un lavage simple des mains est d'abord nécessaire pour éliminer toutes les macro-souillures susceptibles d'inhiber les propriétés antiseptiques du produit hydroalcoolique. Un séchage minutieux entre le lavage et la friction viendra conditionner l'efficacité de cette dernière.

3 **A : Vrai** – B ; C ; D ; E : Faux

Conformément aux textes réglementaires et recommandations relatifs à l'hygiène des mains, le port de l'alliance n'est plus toléré, quel que soit le type d'hygiène des mains effectué. Dans le passé, le port de l'alliance était le seul bijou toléré dans les situations de soins. Son lien de cause à effet dans le manuportage d'agents infectieux est désormais démontré.

4 A ; B ; C ; D : Faux – **E : Vrai**

Les recommandations relatives à l'hygiène des mains mentionnent un temps suffisant pour que les deux mains soient complètement sèches. Il est à noter qu'un temps minimum de 30 secondes est nécessaire en fonction de la quantité du produit hydroalcoolique utilisé.

5 **A : Vrai** – B ; C ; D ; E : Faux

Le lavage simple des mains à pour objectif de réduire la flore transitoire. L'utilisation de savon doux permet d'éliminer les macro-souillures mais ne parviennent pas à éliminer totalement les micro-organismes présents de façon transitoire sur les mains. Pour éliminer la flore transitoire, il est alors nécessaire de procéder à une hygiène des mains par frictions en utilisant un produit hydroalcoolique.

6 **A ; B ; C ; D : Vrai** – E : Faux

Le port de gants ne dédouane en aucun cas une hygiène des mains. Que ce soit avant de les porter ou après leur retrait, qu'ils soient stériles ou à usage unique.

7 A : Faux – **B ; C : Vrai** – D ; E : Faux

La friction hydroalcoolique, également dénommée « traitement hygiénique des mains par friction », est recommandée avant tout geste aseptique. Le lavage antiseptique n'est plus recommandé au regard des interactions possibles entre les savons antiseptiques et les solutions hydroalcooliques.

8 A : Faux – **B : Vrai** – C ; D ; E : Faux

Il est recommandé de savonner les mains pendant 30 secondes. Le temps de rinçage doit être équivalent au temps de savonnage, soit 1 minute au total.

9 **A ; B ; C ; D : Vrai** – E : Faux

L'hygiène des mains concerne l'ensemble des personnes présentes dans un établissement de soins. L'ensemble des soignants, l'ensemble des personnels administratifs, l'ensemble des personnels logistiques, les patients et les visiteurs.

10 A ; B : Faux – **C ; D ; E : Vrai**

Les recommandations relatives à l'hygiène des mains mentionnent une quantité de produit hydroalcoolique suffisante pour recouvrir la totalité des deux mains. Cette quantité peut varier en fonction du produit utilisé (gel, liquide), de son conditionnement (quantité délivrée par la pompe distributrice) et de la taille des mains. Les recommandations considèrent que le volume doit être compris entre 1,5 mL et 3 mL pour conditionner l'efficacité de l'hygiène des mains.

Corrigé exo 34.02

1. Les recommandations (étapes 2 et 4 à 7 : renouveler en changeant de main) :

Étape 1 – Désinfection des paumes : paume contre paume en frictionnant du haut vers le bas.

Étape 2 – Désinfection du dos des mains et des espaces interdigitaux : paume sur le dos de la main opposée avec les doigts entrelacés en frictionnant de l'avant vers l'arrière.

Étape 3 – Désinfection des doigts et des espaces interdigitaux : frictions paume contre paume, doigts entrelacés en alternant avec les doigts contre les doigts de la main opposée.

Étape 4 – Désinfection du dos des doigts : frictions du dos des doigts contre la paume de la main opposée.

Étape 5 – Désinfection des pouces : entourer l'ensemble du pouce avec la main opposée et frictionner par rotation.

Étape 6 – Désinfection du bout des doigts et des ongles : frictionner par rotation le bout des doigts et des ongles dans le creux de la main opposée.

Étapes 7 – Entourer le poignet de la main opposée pour frictionner par rotations.

2. L'hygiène des mains constitue un geste primordial dans la prévention des IAS car les transmissions se font par manuportage dans la majorité des cas.

3. Il est nécessaire de réaliser une hygiène des mains entre deux actes de soins effectués sur le même patient car :
- les transmissions d'agents infectieux peuvent se produire de façons exogène et/ou endogène ;
- les infections exogènes proviennent de réservoirs extérieurs au patient. Par exemple, avec le matériel, l'environnement proche du patient ou les mains du soignant ;
- les infections endogènes peuvent se produire par transmission depuis le patient vers le patient. Ex. : la flore cutanée du patient est constituée de micro-organismes pouvant devenir pathogènes s'ils sont transmis sur une plaie opératoire par manuportage. On réalisera une hygiène des mains avant la toilette d'un patient, puis une autre avant de réaliser son pansement.

4. Les savons utilisés pour procéder à un lavage simple des mains sont détergents. Utilisés de façon répétée, ils peuvent réduire la couche lipidique cutanée et provoquer un assèchement de la peau. Par conséquent, une intolérance au produit hydroalcoolique peut se manifester.

5. Il est recommandé de se rincer les mains de façon mécanique, bien plus efficace que le rinçage passif (par simple écoulement de l'eau sur les mains).

CORRIGÉ

35 Précautions standard et préventions des AES

UE 2.10

Corrigé QCM 35.01

1. A : Faux – **B : Vrai** – C ; D ; E : Faux

Le port de gants permet de prévenir les contacts cutanés avec l'ensemble des liquides biologiques : urines, sang, vomissures, secrétions. Ils permettent de protéger le soignant.

2. **A : Vrai** – B ; C ; D ; E : Faux

Les gants sont à conserver dans leur boîte d'origine afin de les préserver de toutes contaminations environnementales.

3. A ; B ; C ; D : Faux – **E : Vrai**

Il n'existe pas de recommandation quant au doublage des gants lors d'injection chez les patients porteur du VIH et/ou du VHC. Le doublage des gants est uniquement recommandé lors d'un acte chirurgical, au regard de l'augmentation du risque d'accident exposant au sang et aux liquides biologiques (AES). Ceci chez tous les patients peu importe leur statut sérologique (connu ou non).

4. A : Faux – **B ; C : Vrai** – D ; E : Faux

Il est recommandé que le soignant porte un masque chirurgical et des lunettes de protections pour réaliser des soins avec risques de projection de sang et de liquides biologiques. Les masques chirurgicaux sont fabriqués avec une couche imperméable qui réduit donc le risque d'AES.

5. A : Faux – **B : Vrai** – C ; D ; E : Faux

Face à un cas de grippe avéré ou même supposé, c'est le grippé qui porte un masque chirurgical, ceci dans le but de réduire la transmission du virus de la grippe par voie gouttelettes aux autres personnes (visiteurs, famille, soignants) et/ou à l'environnement.

6. A ; B ; C : Faux – **D : Vrai** – E : Faux

Il est recommandé de réaliser une antisepsie pendant au moins 5 minutes.

7 A : Faux – **B : Vrai** – C ; D ; E : Faux

L'antiseptique de choix lors d'un accident exposant au sang (AES) par piqûre est un antiseptique chloré. À défaut d'en obtenir et seulement à défaut, la polividone iodée ou de l'alcool sont alors recommandés. L'eau de javel à 2,6 % est également recommandée mais avec une dilution à 1/5e. Le sérum physiologique n'est pas un antiseptique.

8 A : Faux – **B : Vrai** – C ; D ; E : Faux

Les gants de soins s'éliminent systématiquement dans la filière des DASRI, qu'ils soient tachés ou non de sang. Les gants ne se désinfectent jamais, ils sont à usage unique.

9 A ; B ; C : Faux – **D : Vrai** – E : Faux

Dans cette situation il est recommandé de réaliser un rinçage des yeux par instillation de sérum physiologique. À défaut et seulement à défaut d'en obtenir, l'eau du robinet est également recommandée. En aucun cas l'utilisation d'un antiseptique n'est recommandée, ceci au regard du risque de brûlure des conjonctives et de la cornée ophtalmique.

10 **A : Vrai** – B ; C ; D ; E : Faux

Le trempage est la technique de désinfection recommandée, celle-ci permettant un contact optimal et continu avec le point de piqûre.

Corrigé exo 35.02

1. Le port de gants poudrés ne permet par de réaliser une friction hydroalcoolique après leur retrait. La présence de poudre viendrait inhiber l'efficacité de cette hygiène des mains. Il est recommandé d'utiliser des gants non poudrés afin de réaliser aisément une hygiène des mains avec un produit hydroalcoolique avant le port de gants et après leur retrait.

2. Les précautions standard sont régies par la circulaire N° DGS/DH/98/249 du 20 avril 1998 relative à la prévention de la transmission d'agents infectieux véhiculés par le sang ou les liquides biologiques lors des soins dans les établissements de santé.

3. Le port de gant est recommandé lors de situations de soins avec risque de contact avec du sang et liquides biologiques. Ainsi lorsque la peau du patient est saine, le risque est absent et il n'est pas nécessaire de les porter. En effet cela viendrait à l'encontre de la relation soignant-soigné qui s'instaure aussi par le toucher. Également, il a été démontré que les gants peuvent constituer un réel réservoir de micro-organismes quand ces derniers font l'objet de mésusage.

4. Plusieurs études ont démontré la contamination des blouses. Ainsi, la tenue professionnelle peut constituer un réel vecteur dans la transmission directe et/ou indirecte de micro-organismes. Le port d'un tablier de soins dans des situations avec risques de projections permet alors de réduire le risque de transmissions de micro-organismes en protégeant la tenue professionnelle.

5. Élimination d'une aiguille usagée :

- il est impératif de ne jamais re-capuchonner une aiguillé usagée ;
- il est impératif d'éliminer une aiguille usagée immédiatement, sans dépôt transitoire, dans un collecteur DASRI pour OPCT (objets piquants, coupants, tranchants).

Ces précautions permettent de réduire le risque d'AES.

CORRIGÉ

36 Les précautions complémentaires, isolements septiques

UE 2.10

Corrigé QCM 36.01

1 A ; B ; C : Faux – **D : Vrai** – E : Faux

Les **précautions complémentaires** désignent la prévention des transmissions d'agents infectieux. Ces transmissions peuvent se faire par :
- l'air ;
- les secrétions oro-trachéo-bronchiques ;
- contact.

2 A ; B ; C ; D : Faux – **E : Vrai**

La grippe se transmet par gouttelettes.

3 **A ; B ; C : Vrai** – D ; E : Faux

La rougeole, la tuberculose pulmonaire et la varicelle se transmettent par l'air. La varicelle se transmet par contact.

4 A : Faux – **B ; C : Vrai** – D : Faux – **E : Vrai**

Les **précautions complémentaires** consistent à réaliser un isolement géographique en chambre seule avec la consigne donnée au patient de limiter ses déplacements et de porter un masque chirurgical dans ce cas. Pour des raisons d'organisation, de procédure et de moyens le ***cohorting*** est possible : il consiste à regrouper les patients porteurs du même agent infectieux.

5 A ; B ; C ; D : Faux – **E : Vrai**

Le soignant porte un masque filtrant avant de rentrer dans la chambre.

6 **A : Vrai** – B ; C ; D : Faux – **E : Vrai**

La collecte se fait en dernier et avec un sac hydrosoluble qui sera déposé à son tour dans un autre sac à linge sale tissé et spécifique. Ces précautions visent à réduire le **risque de transmissions croisées**.

Les précautions complémentaires, isolements septiques

7 A : Faux – **B : Vrai** – C ; D ; E : Faux

Il s'agit du médecin. L'**isolement septique** est une prescription, sa levée aussi.

8 **A : Vrai** – B : Faux – **C ; D : Vrai** – E : Faux

Le port de la **surblouse** est indiqué dans toutes les précautions complémentaires.

Dans les précautions contact, le port de la surblouse est indiqué seulement s'il y a un risque de transmissions directe ou indirecte, c'est-à-dire lors des soins, avec le matériel ou l'environnement. En revanche, le port de la surblouse est systématique lors de la mise en œuvre des précautions air et gouttelettes, dès lors que le soignant entre dans la chambre, et ce même s'il n'y a pas de contact direct ou indirect lors des soins, avec le matériel ou l'environnement.

9 A ; B : Faux – **C : Vrai** – D ; E : Faux

Face à un cas confirmé ou suspecté de *Clostridium difficile*, le **bionettoyage** est réalisé avec de l'eau de javel titrée à 2,6 % et diluée à 1/5e (par exemple : un litre d'eau de javel à 2,6 % dans 4 litres d'eau froide).

10 A ; B : Faux – **C : Vrai** – D ; E : Faux

Dans ce cas, il est recommandé de réaliser un lavage simple des mains avec du savon doux, de procéder à un séchage minutieux puis à une friction hydroalcoolique. Le lavage des mains élimine les spores et la friction hydroalcoolique élimine les bactéries.

Corrigé exo 36.02

1. Signalement d'un isolement septique.

- Faire apparaitre la prescription médicale dans le dossier du patient.
- Apposer un pictogramme sur la porte su patient mentionnant le type de précautions à prendre.
- Mise en place d'une **unité mobile de protection** permettant d'y apposer le matériel nécessaire et de signaler le type de précautions à prendre.
- Faire apparaitre l'information sur les outils de planification de soins.

- Le signaler aux autres services en cas de transferts ou de déplacements (changement de service, consultations extérieures au service, *etc.*).
- Le signaler à l'équipe opérationnelle d'hygiène hospitalière pour aide à la mise en œuvre et suivi.

2. Le **bionettoyage** est à réaliser en dernier, ceci afin de réduire le risque de transmissions croisées, c'est-à-dire de chambre en chambre *via* le matériel et/ou l'opérateur du bionettoyage. Ce principe est valable aussi pour toutes autres interventions nécessitant de rentrer dans la chambre (soins, repas, visites médicales, *etc.*).

3. Port du masque filtrant.

- Réaliser une hygiène des mains (FHA) avant de se servir du masque.
- S'assurer de porter le masque avec la barrette nasale en haut.
- S'assurer que le masque couvre nez, bouche et menton.
- Maintenir le masque grâce aux élastiques :
  - apposer le 1er élastique au niveau de la nuque, au dessous des oreilles ;
  - puis le second à l'arrière du crane, au dessus des oreilles.
- Pincer la barrette sur le nez pour pouvoir réaliser un **test d'étanchéité** : couvrir le masque avec les mains puis inspirer. Le masque doit se plaquer sur le visage sans fuite d'air.

4. La procédure de désinfection est la même que pour les autres patients. Néanmoins le service et le débarrassage se feront en dernier (l'usage de plateaux repas à usage unique est discutable car il a une incidence sur l'appétit et l'alimentation du patient).

5. Pour les précautions contact et gouttelettes, la porte de la chambre ouverte ne représente pas un facteur favorisant à la transmissions d'agents infectieux (la porte fermée peut néanmoins représenter un facteur favorisant une forme d'isolement social). En revanche, la porte est obligatoirement fermée dès lors que les précautions air sont prescrites.

CORRIGÉ

39 Formes galéniques et administration des médicaments

UE 2.11

Corrigé QCM 39.01

1 **A ; B ; C : Vrai** – D ; E : Faux

Le carbone (nombre Z = 6, A = 12) présente 6 protons et 6 électrons (Z = 6). Le nombre de nucléons (A = 12) correspond aux protons (6) et aux neutrons (6 = 12 – 6). L'atome de carbone est électriquement neutre : les charges positives des protons (6) équilibrent les charges négatives des électrons (6)

2 A ; B : Faux – **C : Vrai** – D : Faux

La liaison covalente est une liaison forte (et non faible) dont l'énergie se situe entre 200 et 400 $kJ.mol^{-1}$. Elle s'établit lorsque chaque atome participant partage un électron d'une de ses couches électroniques externes (et non internes). Elle permet le partage d'un électron avec un atome voisin (simple liaison), ou de deux électrons (double liaison), voire de trois électrons (triple liaison).

3 **A : Vrai** – B ; C ; D : Faux – **E : Vrai**

Une substance capable de libérer des protons en solution est un acide. Une base accepte des protons ou libère des ions OH^-. Un acide augmente la concentration en protons (ou H^+) et fait diminuer le pH de la solution.

4 A : Faux – **B ; C : Vrai** – D : Faux

L'équation d'Henderson-Hasselbach appliquée à un acide AH : pH = pKa + log $[A^-]/[AH]$

L'aspirine (R-COOH ou $R\text{-}COO^-$) est une molécule qui se comporte comme un acide en solution.

Le log $[R\text{-}COO^-]/[R\text{-}COOH]$ = pH – pKa.

- Dans l'estomac (pH = 2), le log $[R\text{-}COO^-]/[R\text{-}COOH] = 2 - 3{,}5 = -1{,}5$ (négatif), $[R\text{-}COO^-]/[R\text{-}COOH] < 1$, donc la forme majoritaire est R–COOH.
- Dans l'intestin (pH = 8), le log $[R\text{-}COO^-]/[R\text{-}COOH] = 8 - 3{,}5 = 4{,}5$ (positif), $[R\text{-}COO^-]/[R\text{-}COOH] > 1$, donc la forme majoritaire est $R\text{-}COO^-$.

5 A ; B : Faux – **C : Vrai** – D : Faux – **E : Vrai**

Le pH d'une solution est calculé à l'aide de la formule suivante : pH = –log [H^+]. Le pH de la solution proposée ici vaut donc 3 (et non pas – 3, ni 13). Sur l'échelle de pH (0 – 14), les solutions neutres ont un pH voisin de 7, les solutions acides ont un pH < 7, les solutions basiques ont un pH > 7.

6 A : Faux – **B : Vrai** – C ; D : Faux

500 mg dans 25 cL donne 2 000 mg (= 2 g) dans 100 cL (= 1 L). Donc 2 $g.L^{-1}$.

2 g par litre (= 1 000 mL) correspond à 0,2 g pour 100 mL, donc 0,2 % (et non 2 %).

2 g = 2 000 mg) par litre (= 1 000 mL), c'est aussi 2 000 mg pour 1 000 mL, donc 2 $mg.mL^{-1}$ (et non 1 $mg.mL^{-1}$).

7 A ; B : Faux – **C : Vrai** – D ; E : Faux

Une solution de KCl à 10 $mg.L^{-1}$ équivaut à 0,01 $g.L^{-1}$.

En appliquant l'égalité Cf × Vf = Ci × Vi, où Cf = 0,01 $g.L^{-1}$, Vf = 0,1 L, Ci = 0,1 $g.L^{-1}$, on en déduit que le volume de KCl initial (Vi) à utiliser = 0,01 L soit 10 mL.

Il suffit donc d'ajouter à 10 mL (contenu de l'ampoule), 100 – 10 = 90 mL d'eau stérile (et non pas 900, ni 99 mL). Il s'agit donc d'une dilution de 10 dans 100, soit 1/10e (et non 1/100e).

8 A : Faux – **B ; C : Vrai** – D : Faux

La concentration finale de cette solution est de 1 g dans 10 cL (0,1 L) d'eau, soit 10 g par litre d'eau. On déduit la concentration molaire Cn en $mol.L^{-1}$ en divisant la concentration massique Cm ($g.L^{-1}$) par la masse molaire ou M ($g.mol^{-1}$) et non en multipliant.

9 A : Faux – **B : Vrai** – C ; D : Faux

Seul le terme « galénique » correspond exactement à « la science et l'art de préparer, conserver et présenter les médicaments ».

39 Formes galéniques et administration des médicaments

SUITE

10 **A : Vrai** – B ; C : Faux – **D ; E : Vrai**

L'excipient permet la formulation ou mise en forme du médicament. Il permet en outre d'améliorer (mais non systématiquement) son goût ou sa conservation. Il ne possède pas d'activité pharmacologique, ni thérapeutique. La qualité essentielle de l'excipient est son inertie vis-à-vis des principes actifs, des matériaux de conditionnement, des tissus et des cellules hôtes. En revanche, il peut entraîner des effets indésirables (allergie par exemple).

11 A ; B ; C : Faux – **D ; E ; F ; G : Vrai**

Le **comprimé destiné à la voie orale** doit être avalé et non croqué. La biodisponibité est variable en raison du 1er passage hépatique du principe actif avec diminution possible de la concentration plasmatique. Il vaut mieux que les sucs digestifs ne dégradent pas la forme comprimée (si le principe actif est dégradable par les sucs digestifs).

12 A : Faux – **B ; C ; D ; E : Vrai** – F : Faux

Les gélules sont une forme destinée à la voie orale. Les glossettes sont laissées sous la langue.

13 A ; B : Faux – **C ; D ; E ; F : Vrai**

Les **voies parentérales** nécessitent l'utilisation d'un dispositif d'injection (perfusion, seringue...) du médicament à travers l'épiderme. Les **voies transmuqueuses** concernent les voies pulmonaire, buccopharyngée, auriculaire, nasale, rectale, vaginale et oculaire.

La **voie transdermique** est la voie cutanée. Les médicaments sont appliqués sur la peau pour une action plutôt localisée.

14 **A : Vrai** – B ; C : Faux – **D : Vrai** – E : Faux – **F : Vrai**

Il ne faut pas injecter par voie intraveineuse des produits irritants, ni des produits insolubles.

15 A ; B : Faux – **C ; D ; E : Vrai** – F : Faux

Les vomissements fréquents constituent un risque de moindre **biodisponibité** du médicament pris par voie orale. Si le médicament est destiné à agir *via* la circulation sanguine, il ne faut pas qu'il soit dégradé avant son **absorption** au niveau du tube digestif. Sans absorption (passage dans le milieu intérieur) digestive, le médicament ne peut pas agir sur sa cible cellulaire (au niveau des tissus). Un mauvais goût du principe actif peut être atténué par des excipients (arômes).

Corrigé exo 39.02

1. Un **soluté** est une espèce chimique dissoute dans une solution. Le **solvant** est le liquide dans lequel sont dissous les solutés.

2. Calcul de la masse molaire M de la molécule de glucose :

$6 \times M(C) + 12 \times M(H) + 6 \times M(O) = (6 \times 12) + (12 \times 1) = (6 \times 16) = 72 + 12 + 96$

M glucose = 180 g/mol

3. Dans ce cas, pH = pKa – 1, donc log $[A^-]/[AH] = -1$. On en déduit que $[A^-]/[AH] = 10^{-1}$ ou 0,1. $[A^-] = 0{,}1\times [AH]$. On en déduit que la forme AH est 10 fois plus abondante que la forme déprotonée A^-. Puisque $[AH] + [A^-] = 100\ \%$, $[AH] + 0{,}1 \times [AH] = 1$.

$[AH] = 1/1{,}1 = 0{,}9$ soit 90 %. La réponse est donc 90 %.

4. Le **principe actif** d'un médicament est la substance ou composition possédant les propriétés du médicament. Par son action, le principe actif produit l'effet thérapeutique voulu.

5. Le choix de la **voie d'administration** du médicament dépend :
- du **type d'activité** souhaité : action locale ou action généralisée (systémique) ;
- des **circonstances** de l'administration : situation d'urgence, volume à administrer, nature ou composition du médicament, commodité, risque de dégradation dans le tube digestif...

6. Il s'agit des comprimés matriciels et des comprimés osmotiques.

- Les **comprimés matriciels** sont comparables à des « éponges » dont les trous seraient remplis de principe actif. Les sucs digestifs pénètrent *via* les orifices et entraînent la dissolution du principe actif. La matrice peut être dégradée ou éliminée dans les fèces.
- Les **comprimés osmotiques** sont réalisés grâce au principe « *push-pull* ». Dans le système *push-pull*, le comprimé est composé de deux compartiments. Les

comprimés sont enrobés d'acétate de cellulose réalisant une membrane semi-perméable qui est percée d'un micro-orifice visible à la surface du comprimé. Le noyau est un comprimé bicouche dont la partie supérieure (1er compartiment) contient le principe actif et la partie inférieure (2e compartiment), un agent osmotique (chlorure de sodium...) et des dérivés de la cellulose. Le contact avec le liquide gastrique entraîne la diffusion de l'eau à l'intérieur des deux parties du comprimé à travers la membrane semi-perméable. Le compartiment contenant l'agent osmotique gonfle par absorption de l'eau et pousse le principe actif à l'extérieur du comprimé : la libération du principe actif de façon est régulière sur 12 heures. La membrane d'acétate de cellulose reste intacte, elle est excrétée sous forme d'une coque flasque.

40 Aspects pharmacocinétiques

Corrigé QCM 40.01

1 **A : Vrai** – B : Faux – **C : Vrai** – D : Faux – **E ; F : Vrai** – G : Faux

La fixation du principe actif sur les récepteurs, son mécanisme d'action et ses interactions avec d'autres molécules sont étudiés en **pharmacodynamie**.

2 A : Faux – **B ; C ; D : Vrai**

La **biodisponibilité** représente la vitesse et l'étendue avec lesquelles la substance ou sa fraction active gagne la circulation générale. Elle est maximale pour la voie IV donc l'**absorption** est maximale et non minimale, et l'action est la plus rapide par cette voie (vitesse la plus élevée).

3 **A ; B : Vrai** – C : Faux

Pour être distribué à partir de la circulation générale et ensuite être actif au niveau de sa cible, le **principe actif**doit obligatoirement être sous sa forme libre (non liée aux protéines plasmatiques).

4 A ; B : Faux – **C : Vrai** – D : Faux – **E : Vrai** – F : Faux – **G : Vrai** – H : Faux

L'estomac présente le pH le plus acide des organes du tube digestif. Donc la forme majoritaire est la **forme non ionisée [AH]**. Seule la forme non ionisée d'un principe actif peut franchir les membranes cellulaires. C'est donc dans l'**estomac** que l'aspirine pourra être absorbée.

5 A : Faux – **B ; C ; D : Vrai** – E : Faux

La fixation aux protéines plasmatiques diminue la capacité pour un principe actif de quitter le compartiment sanguin : la distribution et l'élimination sont donc retardées. Cette liaison étant réversible, on peut dire que le principe actif est provisoirement « stocké » dans le compartiment plasmatique et que les variations de sa concentration au niveau plasmatique sont atténuées (moins d'effets de pics et de vallée). Ainsi, l'action du principe actif (une fois libéré de sa liaison aux protéines) pourra être prolongée (et non pas diminuée) dans le temps.

Aspects pharmacocinétiques

6 **A : Vrai** – B : Faux – **C ; D : Vrai** – E ; F : Faux

Les réactions de biotransformations pour un principe actif sont principalement réalisées au niveau du foie. Ce sont des **réactions de type I** ou **réactions de fonctionnalisation** (en particulier les oxydations par les cytochromes P450), puis des **réactions de type II** ou **réactions de conjugaison** par association à d'autres substrats, pour augmenter le caractère hydrosoluble (et non liposoluble) et favoriser ainsi l'élimination des métabolites. Les deux types de réactions ne sont pas obligatoirement liées (et non pas indissociables).

7 **A ; B : Vrai** – C ; D : Faux – **E : Vrai**

La **filtration** au niveau du glomérule rénal (et non au niveau du tubule rénal) est liée à la taille des éléments ultrafiltrables : processus passif (pas d'apport énergétique) et non sélectif pour la majorité des constituants plasmatiques (tous les constituants du plasma peuvent filtrer hormis les protéines plasmatiques).

Le déplacement depuis le compartiment sanguin vers la lumière du glomérule dépend de la pression qui règne dans l'artériole afférente (celle qui apporte le sang *via* l'artère rénale) et non pas de celle existant au niveau des capillaires péritubulaires concernés par les phénomènes de réabsorption.

8 **A : Vrai** – B : Faux – **C : Vrai** – D : Faux

La **diffusion** au niveau des tissus décrit le comportement du principe actif au niveau du liquide interstitiel. Elle n'est pas liée à la forme galénique qui influence principalement la libération du principe actif. Elle dépend en particulier de la perfusion des territoires (organes, tissus) : plus le territoire est perfusé, plus le principe actif peut gagner les tissus situés au niveau de ce territoire. Enfin, la diffusion n'est pas dépendante de la voie d'élimination préférentielle du principe actif, l'élimination se déroulant après le passage du principe actif au niveau tissulaire.

9 **A : Vrai** – B ; C : Faux

L'existence d'un **cycle entéro-hépatique** pour un principe actif métabolisé sous forme active donne une « deuxième » vie au principe actif. La pharmacocinétique est donc modifiée, en particulier la demi-vie $t_{1/2}$ du principe actif qui est augmentée (et non diminuée).

10 A ; B : Faux – **C ; D : Vrai**

Il s'agit ici de l'administration par **voie transmuqueuse**, en particulier par **voie sublinguale**. L'absorption par voie sublinguale est rapide (et non lente) car la muqueuse est très vascularisée. Elle est adaptée pour obtenir un effet rapide. De plus, elle permet d'éviter le premier passage hépatique (non évitable par voie orale).

Corrigé exo 40.02

1. Absorption (ou résorption), distribution, métabolisme, excrétion.

2. La biodisponibilité représente la vitesse et l'étendue avec lesquelles la substance ou sa fraction active gagne la circulation générale.

3. En établissant à partir des valeurs la régression linéaire lnC = f(t), on obtient l'équation suivante : $\ln C = -0{,}496t + 3{,}264$

• La constante d'élimination Ke correspond au coefficient directeur de la droite d'élimination :

Soit $Ke = 0{,}496 h^{-1}$

• Le temps de demi-vie $t_{1/2}$ est ensuite calculé grâce à la formule

$$t_{1/2} = \frac{\ln 2}{Ke}$$

Soit : $t_{1/2} = 1{,}4$ h

• Le volume de distribution V_d est calculé selon la formule $V_4 = \frac{Q}{C}$

À t_0, on peut déterminer $C_0 = 26{,}15\ \mu g.L^{-1}$ pour une quantité de principe actif injecté $Q_0 = 1\ 000\ \mu g$

Soit $V_d = 1\ 000/26{,}15 = 38{,}23$ L

• La clairance Cl = $Ke \times V_d$

$Cl = 19\ L.h^{-1}$

4. La clairance correspond au volume de sang totalement épuré du médicament par unité de temps. La clairance est généralement exprimée en $L.h^{-1}$ ou en $mL.min^{-1}$.

41 Aspects pharmacodynamiques

Corrigé QCM 41.01

1 A : Faux – **B ; C : Vrai** – D ; E : Faux

La **transmission du signal** dans ce cas exige un récepteur membranaire (et non nucléaire) couplé à une protéine G (RCPG), une protéine G et un effecteur membranaire ou cytoplasmique (enzymes diverses, canaux ioniques).

2 A ; B ; C : Faux – **D : Vrai**

Le **cisapride** permet la libération d'acétylcholine, substance parasympathique. Il s'agit donc d'un parasympathomimétique qualifié de cholinomimétique car il est capable de reproduire les effets de l'acétylcholine. Son mode d'action n'est pas direct au niveau des récepteurs : il ne se lie pas aux récepteurs de l'acétylcholine ; c'est l'acétylcholine libérée qui sera responsable de l'effet après fixation à ses propres récepteurs.

3 **A : Vrai** – B ; C ; D : Faux

Le **récepteur** est un récepteur-canal, perméable préférentiellement aux ions Cl^-. La fixation de deux molécules de GABA entraîne son ouverture, la pénétration des ions Cl^- et une hyperpolarisation cellulaire.

4 **A : Vrai** – B ; C ; D : Faux

L'activation de ce type de récepteur-enzyme provoque la synthèse, à partir de la guanosine triphosphate (GTP), de guanosine monophosphate cyclique (GMP_c) qui active à son tour des protéines kinases. Il n'y a pas transfert de phosphate, ni déphosphorylation, ni de phosphorylation croisée.

5 A ; B : Faux – **C : Vrai**

Le **coefficient** α caractérise l'activité intrinsèque de l'agoniste, c'est-à-dire sa capacité à entraîner le couplage du récepteur à son effecteur.

- Lorsque α est égal à 1 (100 % de l'activité de référence), l'activité intrinsèque est maximale, la substance étudiée est appelée « **agoniste entier** » (ou agoniste plein).
- Lorsque α est compris entre 0 et 1, la substance agoniste est appelée « **agoniste partiel** ».

6 **A : Vrai** – B ; C ; D ; E : Faux

La seule réponse possible est le second messager de type AMP_c à partir de l'hydrolyse de l'ATP sous l'action de l'effecteur adénylate cyclase.

7 A ; B : Faux – **C : Vrai** – D : Faux

Les ligands liposolubles ont la propriété de franchir les membranes cellulaires. En conséquence, leurs récepteurs sont localisés au niveau cytoplasmique ou au niveau du noyau (récepteurs nucléaires).

8 **A ; B : Vrai** – C ; D : Faux

Les récepteurs de type ionophore sont des récepteurs ionotropiques, glycoprotéines trimériques ou pentamériques. Ces récepteurs n'ont rien à voir avec les canaux voltage-dépendants (conduction de l'influx nerveux) ou les canaux couplés à des récepteurs métabotropiques (effecteurs de la voie de signalisation concernée).

9 **A ; B ; C : Vrai** – D : Faux

L'externalisation d'un récepteur membranaire n'existe pas.

Corrigé exo 41.02

1. Les familles de récepteurs enzymatiques : récepteurs tyrosine kinase ; récepteurs guanylate cyclase ; récepteurs tyrosine phosphatase ; récepteurs sérine/thréonine kinase.

2. Au niveau de la jonction neuromusculaire et en présence d'acétylcholine :
- ouverture des récepteurs canaux ioniques ligand-dépendants ;
- modification temporaire de la perméabilité membranaire aux ions Na^+ ;
- diffusion rapide des ions Na^+ dans le sarcoplasme ;
- dépolarisation membranaire locale puis éventuellement propagée.

La réponse obtenue au niveau musculaire est la contraction.

3. Il existe 4 grands types de cibles moléculaires pour expliquer l'action des médicaments : récepteurs ; enzymes ; molécules de transport et pompes ioniques ; canaux ioniques.

CORRIGÉ

42 Aspects réglementaires et prescription des médicaments

UE 2.11

Corrigé QCM 42.01

1 A : Faux – **B : Vrai** – C ; D : Faux

La DCI est la dénomination commune internationale. Les autres propositions n'existent pas.

2 A : Faux – **B : Vrai** – C ; D : Faux

Tout médicament préparé à l'avance par l'industrie pharmaceutique correspond à une **spécialité pharmaceutique**.

Tout médicament préparé à l'avance en pharmacie selon les indications de la pharmacopée est une **préparation officinale**.

Tout médicament préparé dans une pharmacie à usage intérieur d'un établissement de santé en raison de l'absence de spécialité pharmaceutique disponible ou adaptée est une **préparation hospitalière**.

3 A : Faux – **B : Vrai** – C ; D : Faux

Le **brevet** confère à son titulaire une **exclusivité commerciale temporaire** en contrepartie de la publication de l'innovation. Le brevet a une durée limitée à 20 ans à compter du jour de dépôt de la demande. Une nouvelle molécule, dont le brevet vient d'être déposé, fera encore l'objet de recherches, de mises au point et d'essais pendant une dizaine d'années avant que les autorités sanitaires n'autorisent sa mise à disposition pour les patients. Le médicament ne serait donc en réalité protégé par le brevet qu'une dizaine d'année. Afin de compenser la durée exceptionnellement longue de sa recherche, le médicament bénéficie d'un « **certificat complémentaire de protection** » (CCP) qui prolonge la durée du brevet, au maximum pour 5 ans complémentaires.

4 A ; B ; C : Faux – **D : Vrai**

L'**AMM** est l'autorisation de mise sur le marché. Les autres propositions n'existent pas.

5 **A : Vrai** – B : Faux – **C : Vrai** – D ; E : Faux

En France, une demande d'AMM peut se faire au niveau national auprès de l'**ANSM** (Agence nationale de sécurité des médicaments et des produits de santé) ou au niveau européen auprès de l'**AME** (Agence européenne du médicament).

6 A ; B ; C : Faux – **D ; E ; F : Vrai**

Sans ordonnance, les médicaments stupéfiants (substances vénéneuses entrainant une toxicomanie), les médicaments des listes I ou II (substances vénéneuses) ne peuvent être délivrés par le pharmacien au patient.

7 A : Faux – **B : Vrai** – C : Faux – **D ; E ; F : Vrai**

En général, la prescription de stupéfiants se fait sur 7 ou 14 jours. Pour certaines spécialités, la durée de la prescription peut être de 28 jours. Sur la prescription, la posologie (durée, nombre d'unités par prise, quantités) est précisée en toutes lettres.

8 A : Faux – **B : Vrai** – C : Faux – **D : Vrai**

L'**ordonnance sécurisée** est un document destiné à la rédaction d'une prescription de médicaments stupéfiants (médecine humaine/médecine vétérinaire).

Remarque *: l'utilisation des ordonnances sécurisées n'est pas limitée aux médicaments stupéfiants : les prescripteurs qui le souhaitent peuvent utiliser des ordonnances sécurisées pour les autres prescriptions et commandes à usage professionnel de médicaments (listes I ou II de substances vénéneuses, ou médicaments non soumis à prescription médicale obligatoire).*

Cette ordonnance doit être originale (pas de photocopie) pour être valable. Elle comporte en bas à droite (et non à gauche) un carré labellisé dans lequel le prescripteur indique le nombre total de médicaments stupéfiants prescrits.

9 **A ; B : Vrai** – C : Faux – **D : Vrai** – E : Faux

La prise de sanctions (suppression d'AMM, restriction de commercialisation) à l'encontre des laboratoires est une prérogative de la **direction de l'ANSM** et non du Comité technique de pharmacovigilance.

10 **A ; B : Vrai** – C : Faux – **D : Vrai** – E ; F : Faux

Un **effet nocebo** est induit par la prise du médicament et non par la nature ou les effets pharmacodynamiques du principe actif. Il est de nature psychique. L'effet nocebo est individuel et aléatoire. Il constitue sans doute l'effet indésirable le plus fréquent mais reste bénin (pas de gravité).

11 **A ; B ; C ; D ; E : Vrai**

La iatrogénèse recouvre tous les effets indésirables médicamenteux (EIM) :
- les EIM sans qu'il y ait mauvais usage de celui-ci ;
- les EIM avec mauvais usage des médicaments, que celui-ci soit le fait de professionnels de santé ou du malade lui-même, par automédication inappropriée ou mauvaise observance du traitement.

L'effet indésirable correspond à « une réaction nocive et non voulue à un médicament » (art. R. 5121-152 du Code de la Santé publique).
Cette réaction peut se produire aux posologies normalement utilisées chez l'homme, mais également lors d'un mésusage, d'un abus, d'une erreur médicamenteuse, ou dans le cadre d'un surdosage accidentel ou volontaire.

12 **A ; B ; C ; D : Vrai** – E ; F ; G : Faux

Pour les infirmiers, patients et associations de patients, cette déclaration ne constitue pas une obligation mais une possibilité. La loi du 29 décembre 2011 stipule en effet (art. L. 5121-25 du CSP) :
- « *Les médecins, chirurgiens-dentistes, sages-femmes et pharmaciens déclarent tout effet indésirable suspecté d'être dû à un médicament ou produit mentionnés à l'article L. 5121-1 dont ils ont connaissance.*
- « *Les autres professionnels de santé, les patients et les associations agréées de patients peuvent signaler tout effet indésirable suspecté d'être dû à un médicament ou produit mentionnés au même article L. 5121-1 dont ils ont connaissance* ».

13 A ; B : Faux – **C : Vrai** – D : Faux – **E : Vrai** – F : Faux

L'**érythromycine** diminue l'activité du CYP3A4 (cytochrome P450). Elle diminue donc le métabolisme (et non l'absorption) d'autres substances métabolisées par la même voie enzymatique. En conséquence, elle entraîne une augmentation des concentrations plasmatiques d'autres substances, une sublimation des effets pharmacologiques et donc un risque accru (et non diminution) de toxicité.

14 **A : Vrai** – B : Faux – **C : Vrai** – D : Faux

Certains individus possèdent une combinaison allélique responsable de la synthèse d'une enzyme « déficiente » et sont appelés **métaboliseurs lents**. S'en suivent des modifications métaboliques liées à cette enzyme déficiente. Pour ces personnes, les conséquences cliniques seront un risque de toxicité pour les médicaments inactivés par l'enzyme déficiente chez elles ; et un risque d'inefficacité thérapeutique pour les médicaments qui requièrent une activation par ce même cytochrome pour être actif.

Corrigé exo 42.02

1. On entend par **médicament** toute substance ou composition présentée comme possédant des propriétés curatives ou préventives à l'égard des maladies humaines ou animales, ainsi que toute substance ou composition pouvant être utilisée chez l'homme ou chez l'animal ou pouvant leur être administrée, en vue d'établir un diagnostic médical ou de restaurer, corriger ou modifier leurs fonctions physiologiques en exerçant une action pharmacologique, immunologique ou métabolique.

2. On entend par **spécialité générique** d'une spécialité de référence (= princeps), celle qui a la même composition qualitative et quantitative en principe actif, la même forme pharmaceutique et dont la bioéquivalence avec la spécialité de référence est démontrée par des études de biodisponibilité appropriées.

3. **ANSM** : Agence nationale de sécurité des médicaments et des produits de santé. **CSP** : Code de la santé publique. **OTC** : *Over The Counter*. **OMS** : Organisation mondiale de la santé. **ATC/DDD** : anatomique thérapeutique chimique / *Defined Daily Doses.*

4. La **pharmacovigilance** est la branche de la pharmacologie clinique dont l'objet est la surveillance du risque d'effet indésirable résultant de l'utilisation des médicaments et produits à usage humain. Elle a pour mission la détection, l'évaluation, la compréhension et la prévention des effets indésirables des médicaments.

5. L'effet indésirable correspond à « une réaction nocive et non voulue à un médicament » (art. R. 5121-152 du Code de la Santé publique).

Cette réaction peut se produire aux posologies normalement utilisées chez l'homme, mais également lors d'un mésusage, d'un abus, d'une erreur médicamenteuse, ou dans le cadre d'un surdosage accidentel ou volontaire.

6. La **posologie** est l'étude de prise d'un médicament et de son dosage. Elle désigne l'ensemble des modalités d'administration de la prise d'un médicament. Elle s'identifie à la définition des doses et du rythme (fréquence) des prises de médicaments. La dose usuelle est dite « **dose thérapeutique** » : c'est la dose nécessaire pour obtenir l'effet favorable désiré sur le plus grand nombre.

NOTES

NOTES

NOTES

NOTES

NOTES

NOTES

NOTES

NOTES

NOTES

NOTES

ISBN 978-2-216-14665-9

Conception graphique : Sylvie Vaillant
Composition Maury

MV-NJ/SM-VO

Achevé d'imprimer en France par Jouve - 1, rue du Docteur Sauvé - 53100 Mayenne
N° d'impression : 2941444L - Dépôt légal n°14665-9/03 - novembre 2019